重新发现中国 主编｜贺雪峰 沈山

亦城亦乡

城市化进程中的乡村突围

夏柱智 著

Between the City and the Village

Rural Revitalization in the Process of Urbanization

GUANGXI NORMAL UNIVERSITY PRESS

广西师范大学出版社

·桂林·

YI CHENG YI XIANG
CHENGSHIHUA JINCHENG ZHONG DE XIANGCUN TUWEI

图书在版编目（CIP）数据

亦城亦乡：城市化进程中的乡村突围 / 夏柱智著. —
桂林：广西师范大学出版社，2022.3（2024.8 重印）
（重新发现中国 / 贺雪峰，沈山主编）
ISBN 978-7-5598-4733-1

Ⅰ．①亦… Ⅱ．①夏… Ⅲ．①农村－社会变迁－研究－
中国 Ⅳ．①C912.82

中国版本图书馆 CIP 数据核字（2022）第 020048 号

广西师范大学出版社出版发行

（广西桂林市五里店路 9 号　邮政编码：541004）
网址：http://www.bbtpress.com

出版人：黄轩庄
全国新华书店经销
深圳市精彩印联合印务有限公司印刷
（深圳市光明新区白花洞第一工业区精雅科技园　邮编码：518108）

开本：889 mm × 1 240 mm　1/32
印张：9.625　　字数：160 千字
2022 年 3 月第 1 版　　2024 年 8 月第 2 次印刷
定价：49.00 元

目　录

亦城亦乡

第一篇

中国的城市化

城乡关系的阶段

　　主流观点认为当代中国城乡关系是不平等的、割裂的、对立的，而不是互惠互利的。他们借用"城乡二元结构"这个概念来概括这种关系的性质，把所有差异性的方面都归结为中国的制度安排。不平等这个概念在两个层面上使用：第一，城乡资源分配的不平等，造成了城市居民和农村居民客观上经济社会地位的不同；第二，社会体制的不平等叠加社会结构的不平等，加剧了城乡资源分配的不平等。我并不想否认这两类社会不平等的客观存在，而是试图超越平等与否的价值判断，内在地去理解中国城乡关系的内容、性质和变迁。

　　中国当代的城乡关系可划分为三个历史阶段：一是1949年之前的城乡失调阶段，城市剥削农村，农村经济日益衰落，农村社会存在一个庞大的饥饿的底层农民阶级；第二阶段是"城乡二元结构"体制形成阶段，国家严格管控人口流动，最重要的资源如就业、住房和教育等均由国家主导分配；第三阶段是改革开放以来逐渐放宽人口流动，人口流入城市越来越是一种市场行为和政策激励行为，传统城乡二元结构逐渐被打破，新的城乡二元结构逐渐形成。由于严格地限制城市资本下乡，保护农民占有和使用集体所有资源，城乡二元结构成为一种保护农民的结构，城乡关系发生了根本性逆转。

一

费孝通先生在其经典著作《中国绅士》的第六章提出了城乡关系的问题，并且用经验资料有力地进行了说明。

"对于中国农村和城市地区的关系，有两种不同的观点。一种认为农村和城市地区是互补的，并且是互利的；另一种则认为它们是完全相反的，是对立的。"抽象地看，这两种说法在一定条件下都是成立的，关键是具体分析不同的条件下城乡关系的差异。一般来看，城乡互补的理论是可以被人接受的，因为农村是生产农产品的地方，城市是生产工业品的地方，城乡商品相互交换，共同提高双方的生活水平。而在特定条件下出现了城市愈发展农村愈凋零的结果，"从近代中国历史可以判断得出，中国城市的发展似乎并没有促进农村的繁荣。相反，现代中国城市的兴起是和中国农村经济的衰弱相平行的。……如果这种观点正确的话，为了中国农村人民的缘故，城乡之间的联系愈少，对农村愈好"。[1]

费孝通先生从当时佃农的生活状况着手，分析了传统体制下的城乡关系为什么是可以维持的。佃农租种地主土地并向其支付收成的一半作为地租，再通过在农闲时从事手工业补贴家用以维持生活。农民收入不高却可以从农业和手工业中获得足

1　费孝通：《中国绅士》，中国社会科学出版社，2006，第72~73页。

以维持最低生活标准的收入，城乡、地主和农民之间的交换关系保持稳定。但是近代以来随着外国廉价商品的进入（也就是帝国主义的经济入侵），农村的传统手工业受到冲击。这其中的机制是：农村手工业产品由于存在质量不佳、缺乏规模经济的问题，无法与外国大机器生产的廉价商品精准竞争，失去了城市这个传统市场。手工业的衰败给农民基本生活带来巨大的压力：在土地供求关系不变的情况下，地主不太可能由于农民生活不下去而降低地租（除非有外在的压力，如共产党在抗日根据地推行减租运动），那么农民和地主两个阶级间的矛盾就会激化，形成传统农村和城市的矛盾。

总之，封建性土地剥削制度会导致城乡关系在一定条件下形成冲突。相应的做法一是进行土地改革，实行"耕者有其田"，二是发展本土的工业。只有城市拥有独立的经济来源，不再依靠农村的支撑，城乡关系才能得到改善。这个时候的城乡关系就不再是建基于农业加手工业的传统城乡关系，而是新型的城乡关系。

二

费孝通先生的观点无疑是深刻的，他从微观的社会学分析中得到了关于宏观社会结构性质的判断，他预见到中国必须要走土地改革和工业化道路。后来中国共产党领导人民走上了社会主义道路，进行了彻底的土地改革，为赶超型工业化提供经济和社会基础。于是，在封建土地制度基础上的传统城乡关系和土地改革基础上的工业化推动形成的新型城乡关系之外，中国通过制度安排形成了中国特色社会主义的城乡关系：城市和农村被统一纳入了计划经济体制中，工业和农业共同服务于中国赶超型现代化——主要是重工业体系的建设中。其必然表现为全国人口和劳动力被安置在组织化的单位中，在农村是人民公社，严格限制人口和职业的自由流动。

对这一阶段的城乡关系，不同立场、不同视角的学者有完全相反的评价：一种观点否定计划经济，认为计划经济时期农民处于"被牺牲"的地位，由于二元的户籍身份制度，农民和城市居民是两个完全隔离的等级。这种观点把改革开放进程中不断放开城镇户籍的户籍制度改革看作"拨乱反正"，言之凿凿地计算农业向工业和城市贡献的货币数额。另一种观点坚持辩证的历史唯物主义观点，坚持习近平总书记提出的"两个不能否定"的观点。改革开放前实行计划经济，之后实行市场经济，都有其历史合理性。计划经济适用于重工业优先发展阶段，而20世纪70年代末重工业基础已经基本建立，所以才有条件结束计划经济。至于实行计划经济的原因，这里无需赘言。

发展经济学家（如理查德·R.纳尔逊等）认为，穷国要打破"贫困恶性循环"，就必须在短期内大规模增加投资、加速资本形成，即同时在各个工业部门进行大规模全面投资，使各部门之间相互创造需求、提供市场。在当时的中国，市场并没有能力把分散于亿万农户的有限剩余集中到基础工业部门，只有实行计划经济，才有可能完成这样的飞跃。具体制度上，则是以统购统销为核心、农业集体化和户籍制度为制度支撑的城乡二元体制，成功解决如何提取农业剩余的问题，确保了长期且制度化的"以农补工"。这并不是任何领导人主观的偏好，而是为了在一定条件下实现赶超型工业化的必然制度选择。很多国家不是没有从经济学原理上认识到这个问题，但只有中国共产党建立的中华人民共和国有能力团结全国各个阶层来推动这个制度变革，实现赶超型工业化的目标，用了几十年就走完发达国家上百年才能完成的工业化。

因此这个时期的城乡关系不能单纯从农民作出了"牺牲"的角度评价。因为在这个时期，不仅农民作出了"牺牲"，各个阶级阶层均作出了"牺牲"。这种"牺牲"不是道德意义上的，而是政治意义上的。中华人民共和国成立之后，最重要的任务是尽快实现工业化，达成有力地抵御帝国主义侵略、从根本上实现国家富强的目标。如果不理解中国当时的赶超型工业化战略，不理解工业所需原始积累要从农业中来，就不能理解当时为什么要采用计划经济政策和人民公社体制，也就不能理解特定时期的城乡关系。

三

改革开放以来，农村人口流入城市劳动力市场，城乡关系开始改变。从渐进式改革的策略来看，这一改变到2000年基本完成，2005年国家完全取消农业税并开启新农村建设，2017年党的十九大提出乡村振兴战略，城乡关系进入了一个新阶段。中国当代的城乡关系有多个面向，总体上形成互惠互补的新型城乡工农关系。它是建立在城市作为工业中心基础上的，也是建立在总体的市场经济条件基础上的，当然同时是建立在社会主义制度保护农民和农村利益基础上的新型城乡关系。具体表现为如下几个方面。

第一，在工业化蓬勃发展背景下，农民可以自由进入城市务工经商，从而形成了城乡统一的劳动力市场。在市场经济条件下建立的工商业，从经济效率的角度，必然要求劳动力的自由流动。城市基层街道和社区针对本辖区居民提供的部分管理性和公益性岗位是有特定政治和社会目标的（例如为了安置就业困难的"四零五零"人员），这不妨碍总体上统一的劳动力市场的形成。

第二，除特大城市外，其他大中城市放宽了进城入户的标准，只需一定的基本条件，流动人口包括农民就可入户。大城市以户籍严格控制人口流入是城市治理的需要，是平衡不同城市发展的需要，如北上广这样的城市采用积分入户方式是一种为了应对人口涌入不得不做出的制度选择。

第三，随着户籍制度改革的推进，国家的教育、医疗、社会保障、公共品供给等公共服务越来越面向全体居民，而不再区分市民和农民身份。户籍制度越来越回归为人口社会管理手段（简单地把市民和农民、经济发展水平不同的地区的福利差距抹平既不可取，也不可能）。

第四，农村实行集体土地制度，国家坚持农村基本经济制度，农户对承包地享有长期稳定的承包经营权。同时，国家坚持严格的福利性分配的宅基地制度，村集体经济组织按需向农户分配"一户一宅"范围内的宅基地。

第五，取消农业税费后，国家对农业产业实行特殊保护，给种粮农民发放补贴，大力开展农业基础设施建设，推动先进农机和农艺的发展，提高农业生产力。

第六，国家提出新农村建设战略和乡村振兴战略，大力实行城市支持农村、工业支持农业的政策，防止现代化进程中农村过度衰落。

四

在计划经济时期，国家通过人民公社这种高度组织化的方式汲取农业剩余支持工业发展，改革开放之后逐渐形成了新型互惠互补城乡关系，其主要特征是工业反哺农业和城市支持农村。无论是哪一种城乡关系，城乡工农都内在统一于中国现代化事业，统一于城市和农村共同发展繁荣。

这种统一在社会变迁中的微观表现是农民家庭在城乡间双向流动，获得农业和非农业两份收入，形成以家庭代际分工为基础的半工半耕的生计模式。悲观者言，这种生计模式表明农民只有或不得不同时进城务工和在乡务农才能维持较正常的生活水平，相对于城市正规工人，农民缺乏足够的就业机会和相关福利保障，掉入"半无产阶级化"的困境；乐观者言，相对于被束缚在农业上，农民进城务工经商获得了比过去高得多的收入，这是农民从贫困走向"温饱有余、小康不足"，进而走向"小康""富裕"的路径。

农民对此最有发言权，他们不愿意失去任何一根拐棍。一个表现是，农民不愿意失去土地和农村户籍。即使全家外出务工，他们也只是把土地暂时流转出去，为自己随时可能返回家乡提供回旋空间。大规模务工潮以来，农民收入成倍增长、生活水平获得了极大提高。而且他们即使失业，也能够退回农村获得温饱水平的生活，不用担心失业造成的困扰。从国家比较来看，这显然是中国城镇化模式的优势。

　　这个道理费孝通先生在20世纪80年代早已经发现，农村稳定的小农经济是农民走向现代化的重要基础。"几千万的民工从内部涌向沿海比较繁荣的城市，这也是创纪录的人口流动，很多人很担心。但是至今没有引起混乱，那是外国人难于想象的。我曾推敲这个原因。我看到了一个稳定的因素，……每人几乎都有一个家在内地。他们得到工资后除了生活必需的开销之外，定期的寄回家去，过年过节有可能的就回家呆上几天。如果城市里找不到工，如果停工了他们有家可回。有工做，心里踏实，工停了也不用着慌。我过去没有理会到农村里的承包责任制在新兴的城市也会有这样强大的安定民工的力量。换一句，我没有估计到农村现行的制度是建设现代都市的支持。我们不就是摸着农村里有家可归的石头在渡工业现代化的河么？"[1]

1　费孝通:《行行重行行》，群言出版社，1997，第238页。

小农体系和渐进城镇化

中国20世纪80年代的农村改革建立了家庭承包责任制，土地集体所有，由农户承包，建立了中国式的小农体系。十九大报告强调农业现代化的同时，提出要"实现小农户和现代农业发展有机衔接"，表明了农业政策的重大转向，那就是强调农业现代化不能遗忘和忽略占主流的"小农户"。贺雪峰教授在2013年出版的《小农立场》一书中，就鲜明地提出"小农立场其实就是中国的国家立场、民族立场，就是中华民族实现伟大复兴的立场"。这种振聋发聩的政策呼吁和十九大报告的精神高度一致。

当前中国经济总量已经多年居于世界第二位。许多学者将中国的成功经验归纳为"中国模式"。中国模式有一条特别重要的经验，即经济高速发展、社会剧烈转型，但政治社会却相对有序。我们需要从社会学的角度分析中国基层社会结构的特征，这就要理解中国农民的行为模式。工业化改变了传统小农经济的外部环境，并通过多种方式来改造它，其中最重要的方式是通过工业部门吸纳大量农业剩余劳动力。这在2000年中国开始成为世界工厂之后出现，也是农户微观经济变迁的原因。农民外出务工改变了农村社会结构，当代农民已不同于传统农民，他们既具有一定的现代化和城镇化趋势，又具有传统小农的行为模式。但是不能通过套用"理性小农"、"生存小农"或"剥削小农"等范式来理解当代中国小农。我们常年调研，从农民收入、农民流动模式、城镇化、土地制度、农业经营等具体经验中提炼出"以代际分工为基础的半工半耕"这一中观概念。理解了这一概念及背后的社会事实和历史，就能够对中国基层农村社会结构和中国模式之间的内在逻辑关系有深刻的理解。

沿着费孝通、黄宗智先生的研究思路，可以发现中国农民家庭经济主流的模式依然是家庭兼业经营。目前农民家庭兼业经营的基本特征是青壮年外出务工、中老年人在村务农，这两种收入方式对于农民家庭而言是互补且缺一不可的，共同构成一个家庭劳动力再生产的经济基础。贺雪峰教授最早将这个家庭再生产模式称为"以代际分工为基础的半工半耕"的家计模式。用他的话来说就是"当前中国农村，农民家庭收入来源中，大约一半收入来自务工，一半收入来自务农，绝大多数中国农民家庭都既有务工收入，又有务农收入，这样的农民家庭存在着以代际分工为基础的'半工半耕'的家计模式，即家庭中年轻子女进城务工，年老父母在家里务农"。

这里的"半工半耕"与黄宗智先生所归纳的"半工半耕"含义和理论目标略有不同。黄宗智先生用"半工半耕"来说明人多地少的过密型农业因收入不足而迫使人们外出打工，而外出打工的风险又反过来迫使人们依赖家里的小规模口粮地作为保险。这样就使过密型小规模、低报酬的农业制度和恶性的临时工制度紧紧地卷在一起，正是这个制度替代了原来的集体生产。[1]

黄宗智先生主要用这个概念来研究农业制度变迁，指代特定时期（税费改革之前）、特定地区的农业经营制度。他发现，"半工半耕"是农业制度的产物，沿循国家政权延续以往汲取农业剩余的逻辑，农民的小块土地不足以维持生活，给资本提供了低成本雇用劳动力的机会。与黄宗智先生相反，我们的经验研究主要关注"半工半耕"作为一种社会再生产制度，具体表现为新型的农民家庭生计模式或者说家庭劳动力再生产模式。这一概念具有多种功效：敏锐地发现了机会成本低的中老年劳动力从事农业生产是有效率的，小农户中老人农业生产对农民家庭生计意义重大；理解了农民城镇化的模式是"渐进的""接力的""有主体性的"，从而从社会层面理解了中国特色城镇化模式的特征；理解了小农体系作用于宏观经济社会的微观机制，深刻地理解了中国劳动力又便宜又好的根源；也同样理解了中国集体土地制度的优越性在于充分地保障了小农体系的安全，使中国农村成为现代化的蓄水池和稳定器；等等。

"半工半耕"是一系列宏观约束下中国农民家庭适应性调整劳动力资源配置的结果。以费孝通为代表的社会学家曾经认为，乡村工业是人地关系高度紧张的中国农民的致富之路——农民依靠农业不可能致富，必须要向工业进军，农民应同时变

1　黄宗智：《制度化了的"半工半耕"过密型农业（上）》，《读书》2006 年第 2 期。

为工人，走城乡工农一体化道路。20世纪80年代沿海农村工业化高速发展，吸纳中西部农民剩余劳动力，把农民变为"农民工"，形成农民家庭"半工半耕"的生计模式，证明了费先生的观点。2000年以来融入全球化的工业化吸纳了越来越庞大的农村剩余劳动力，截至2016年年底，我国在本地和外出务工的农民工总数已经超过2.8亿人。工业化、农村劳动力大量转移形成了对农业农村社会结构的巨大冲击。

发展经济学揭示，农业现代化的动力来源于以工业化为核心的现代化和城市化。从农民家庭经济的构成来看，中国经验语境下的小农经济的基本特征是"半工半耕"性质的，这种小农经济是不断上升和发展的。

随着农村剩余劳动力的大规模转移，依然务农的农民能够通过土地流转得到适度规模的土地，从而实现"去过密化"，增加农业部门的劳动报酬。城市化和工业化的发展，不断把农村劳动力分解为两个部分，一部分务工，一部分务农，农村剩余劳动力由于工业部门的吸纳而不断减少。这样不断有农民完全融入城市工业体系，也不断有家庭承接土地，从而扩大耕种规模，促进了"新中农"阶层的崛起，它是农村社会结构变迁过程中日益凸显的新兴社会阶层之一。由于劳动力全部在村庄，这部分农民的主要社会关系和经济关系都在农村，因此在农村经济、社会和政治中均扮演重要的角色，也就是农村治理的"中坚农民"阶层。可见中国现代化进程中社会结构具有高度弹性，这也是理解中国现代化基本秩序的锁钥。

在半工半耕的家庭劳动力再生产模式的理论指导下，我们可以深刻地理解中国城镇化进程中社会秩序形成的机制。

众所周知，中国正在快速城镇化且相对于其他发展中国家有较为稳定的城镇化秩序。对于中国特色的城镇化模式，学术界概括有三个方面：一是城镇类型协调发展论，这是相对于"城市化"的城镇化战略，国家积极发展"小城镇"，避免人口过度涌入大城市；二是工业化和城镇化协调发展论，避免发展中国家没有工业化基础的"过度城市化"，损害现代化秩序；三是城镇和乡村协调发展论，新农村建设为"三农"发展提供政策及资金支持，避免城镇化过程中农村的过度衰败。这些中国特色的模式后来在《中共中央关于全面深化改革若干重大问题的决定》中，被表述为"推动大中小城市和小城镇协调发展、产业和城镇融合发展，促进城镇化和新农村建设协调推进"。

学术界及中央文件的这些概括说明，统筹协调是中国城镇化模式的主要特征，体现出政府对城镇化发展过程中可能出现的结构失衡的应对。但在从宏观政策目标视角进行分析的同时，我们也应该关注政策自上而下实践所依赖的基本社会结构。我认为，对城镇化模式的分析需要深入在城乡之间流动的农民的日常生活，关注城镇流动的秩序是如何形成的。这一分析的切入点是农民的流动模式特征，即中国城镇化是通过"大规模候鸟式流动"实现的。很多学者认为这种流动不利于城镇化，但从农民生计和中国特色城镇化的角度看，这种流动就都是有利的。"候鸟式流动"背后是中国独特的小农体系吸纳了农民，它并不是"社会问题"，而是表明了小农体系使中国农民人口缓慢地释放到现代城镇，形成中国特色"渐进城镇化"模式。"渐进"被认为是中国改革的特征，我认为它也同样可以用来形容中国农民城镇化的社会模式。

北京大学姚洋教授曾提到小农体系对中国经济增长的贡献是保证了渐进城镇化。[1]所谓"渐进城镇化"是相对于城市的"过度膨胀"而言的。从比较城市化的角度，渐进城镇化是小农经济国家尤其是中国这样一个人口大国的城镇化秩序的基本来源。相对于东欧的"休克疗法"，中国改革的基本特征是"渐进式改革"，是"政体连续性背景下的渐进式改革"。对中国而言，完成农村社会向城镇社会过渡是一个长期过程，因此"渐进城镇化"是一项长期选择，我们可以将其界定为农业人口转移和工业化进程相适应。区别于学界仅把"进城"理解为城镇化的观点，我们认为农民的"进城"和"返乡"共同构成城镇化过程，强调渐进城镇化是农民实践的进可自由进城、退可自由返乡的城镇化模式。渐进城镇化无关乎城镇化率的判断，学界对于中国城镇化是滞后的还是超前的，争论了很长时间，依据不同标准，往往有不同的结论。这个概念并不关注速率，它关注的是快速城镇化进程的社会秩序问题，从而具有了社会学理论的意涵。解释渐进城镇化，不要仅仅从抽象的描述角度，而要深入理解渐进城镇化模式的实践主体的行动模式。

我认为可以用"半工半耕"来解释"渐进城镇化"模式，其中包含五个机制：

1　姚洋:《小农体系和中国长期经济发展》,《读书》2010 年第 2 期。

第一，工业化和家庭承包制基础上的小农经济相互作用，改变中国农民传统农业加副业的生计模式。中国农民进城务工，形成了新的小农兼业经营，这就是以代际分工为基础的半工半耕模式。代际分工表明了中国家庭劳动力分工新的格局。

第二，代际分工中的农民工和城市的关系是"半城市化"，这是一种发展型的半城市化，而不是停滞的半城市化。半城市化并不是引起社会失序和社会结构紧张的社会问题，反而是一种特定条件下形成的社会秩序。这种社会秩序是由农民积极参与构建的，其背后是农民双向流动，获得城乡提供的双重资源和机会。从和其他国家比较来看，这是中国的制度优势，是中国农民的机会。

第三，在城镇化政策推动下，为了追求更美好的生活，农民家庭也在寻求融入城市的机会，但这个融入过程不是一蹴而就的。国家新型城镇化制度要为农民提供更多的机会，然而更要靠农民自身参与市场竞争来把握机会。当前国家实行新型城镇化和乡村振兴并行不悖的政策，这是稳健的城镇化政策，保障了农民在稳定的小农经济体系基础上缓慢地融入城市。在融入城市的过程中，农民长期保持半城市化的、双向流动的状态，降低了城镇化风险，提高了城镇化能力。

第四，农民家庭的代际分工为农民城镇化提供了多种支持。这些支持至少可以归结为三个方面：代际分工保持了家庭劳动力再生产的能力，保持了家庭结构的稳定性，这是家庭拥有发展能力的前提条件；通过代际分工获得务工和务农双份收入，可最大限度地积累家庭财富，减少消费支出，为进城提供原始资本；为进城的新生代农民工提供稳定的大后方，家庭中的老年人可以通过自养减少进城农民工的负担，通过照料儿童为进城农民工提供帮助，或者进城当"老漂"。

第五，渐进城镇化还和乡村社会本身的发展有关。城镇化背景下，乡村社会本身也在发生分化，其主要趋势是部分青壮年在农村拥有了更多的就业和创业机会，他们成为留守农村的"中坚农民"。这一阶层的存在维持着农村基本的秩序，增加了乡村社会的吸引力，缓解了城镇化带来的压力。

总之，中国社会在小农体系基础上形成了"渐进城镇化"的特色模式，要想深刻地理解这一模式，必须结合农民家庭生计模式和日常生活的社会文化基础来分析。同样，在对农民家庭生计模式这一微观现象进行解读时，必须联系到宏观社会结构变迁才能体会到其深刻的社会意义。

中国城市有贫民窟吗？

城市社会研究者发现在人口大量聚集于城市的过程中，产生了一种规划之外的现代社会的毒瘤——贫民窟。网上有西方纪录片的主持人用"他者的眼光"合理化这种生活方式，却不能改变贫民窟背后底层人口无力摆脱的、极为糟糕的、往往被"黄赌毒"势力控制的生存状态。

世界各国在城市化进程中均出现了贫民窟。恩格斯《英国工人阶级状况》一书描述了英国早期工业化进程中大量人口涌入城市，他们生活的地方就类似于在当代发展中国家城市中蔓延的贫民窟。作为当时世界工业化的中心，英国很快通过殖民扩张和社会福利体系建设消化了这个问题。而当代比较城市化的研究指出，大多数第三世界的城市（人口和边界）的增长集中于所谓的贫民窟，且难以依靠传统殖民扩张的方式消化。温铁军教授考察发展中国家的城市发展状况后认为，贫民窟问题背后是严重的"三农"问题。"大凡是人口过1亿的发展中国家加快城市化，都有农村贫困人口转移及其引发的社会问题。而且，无论城市化率只有30%的印度，还是城市化率高达70%以上的墨西哥，发生的问题是相似的。"[1]城镇化率是社会统计学家衡量一定集聚程度人口占全部人口比重的指标，城镇化本身并不代表城镇人口拥有体面的经济社会地位。相较于其他发展中国家，中国是唯一一个虽有大规模人口流动，却没有出现大型贫民窟的国家。

阿里吉《亚当·斯密在北京》一书认为，中国特色的"无剥夺的积累"使得中国的工业化过程没有像发达国家早期以及当代发展中国家那样残酷。中国的城市没有大规模的贫民窟，这当然和政府的整治有关，但小农经济对农民的保护也可能是一个重要原因。当然还有文化上的原因：中国人是有"家乡"的，是安土重迁的，是要落叶归根的，每年春运都有数以亿计的农民工千里迢迢返乡过年。国家也通过体制性安排使得这种不同于其他发展中国家的文化体系免遭现代市场的入侵，保持了其完整的形态。

有学者反对上述观点，认为中国也出现了贫民窟，只是不被承认而已，其主要观点是认为城市中外来人口聚集的城中村属于中国式贫民窟。还有学者认为城市中老旧的棚户区也属于中国式贫民窟；城市空间二元结构主要表现为一边高楼林立，一边棚户连片。除了城中村、棚户区两种形式，一部分旧城因存在建筑密度高、环境差的问题，也被列入中国式贫民窟的表现形式。城中村或棚户区往往结构简陋老化、功能设施不全、

1　温铁军、温厉：《中国的"城镇化"与发展中国家城市化的教训》，《中国软科学》2007 年第 7 期。

居住环境差、缺少公共活动场所和配套设施，棚户区家庭主要是低收入和中等偏下收入的住房困难户。另有观点认为城市的外来人口居住的工棚属于中国式的贫民窟，北京大学社会学系的卢晖临教授就认为，中国城市没有贫民窟，但是我们有工厂宿舍，宿舍并不是一个完整的生活空间，它仅仅是进行劳动力再生产的一个最简单的场所。他还认为，城市的农民工不仅受到"农民工"这个带有歧视的称谓的伤害，而且主要受到背后的制度设计的伤害，因此政府应该改变制度为农民工提供住房、医疗和教育保障，促进他们融入城市。[1]

对此，我不能苟同。中国经历了如此快速的城镇化，城镇化中没有出现印度、巴西等发展中人口大国普遍出现的大量贫民聚集的贫民窟，这是事实。大城市城乡接合部的村庄相对于正规的城区确实显得"脏乱差"，甚至出现了多起安全事故，应引起地方政府的关注并进行整治。但这种地区是不是贫民窟，需从两个角度来考察。

第一，城中村是城市快速扩张过程中没有被征地拆迁、纳入城市规划建设的村庄。这些村庄的土地仍然是集体土地。农民在集体土地上建造数层的出租房，在一些土地管理不严的地区，一户多宅甚至是普遍的情形。这样来看，城中村是原住民的城中村，这些原住民通过出租住房一年获得数万元甚至数十万元的房租，绝不是贫困阶层，而是城市的中上层。我们在深圳宝安区的城中村调研发现，原住民家庭通常至少有两块宅

1　卢晖临：《"农民工问题"的制度根源及应对》，《人民论坛》2011 年第 29 期。

基地，沿街宅基地上的民房最少有6层高。6层是地方政府允许建设的最高层数，然而由于巨大的租金收益（沿街一套房子分割出租可以获得数十万元收入），原住民建造的房子普遍高达十几层，城中村布满了"握手楼"。这些人显然不是贫民窟人口。

第二，由于租金低廉、餐饮等服务价格很低，外加靠近务工地，城中村也是外来农民工的聚集地，是他们的"工棚"。相对于家乡宽敞的住房，其条件确实艰苦得多。比如苏州郊区靠近工业园区的农村，由于宅基地管理十分严格，农户难以突破建设面积，因此出租房供给紧张，农民把出租房分割为极小的单间出租。一个普通的二层半楼房连同院落搭建的临时建筑可以居住50人之多，十分拥挤。然而对于他们来说，城中村也不属于贫民窟——这正是争论的焦点。我们不否认城中村的管理（包括建筑、消防、治安）存在问题，和正规建设的城市小区存在很大的差距，也不否认地方政府以安全问题为由驱赶外来农民工的政策误区，然而不能据此把中国的城中村等同于贫民窟，城中村的管理问题和城中村是否属于贫民窟是完全不同的问题。

一些城中村"脏乱差"、公共服务能力低下，造成了类贫民窟的困境，这是社会治理层面的问题。地方政府加强城中村整治，加强公共服务，进行"扫黑除恶"群众性运动，问题就可以迎刃而解。虽然这些居所难以达到城市小康阶级体面的居住条件，却依然享有基本的条件，有现代的水电路和基本的治

　　　　　　　　　　　　亦城亦乡

安服务。如果盲目拆除城中村，全部建造成现代商品房小区，这必然增加农民工租房成本，把农民工排斥到更边缘的城市郊区，反而不利于农民工和城市工商业的发展。因此在一定的时期内，地方政府的城市更新规划实施的速度应当考虑农民工在城中村居住和从事工商业所得的收益，而不是单一地考察土地利用、原住民的利益和城市景观等。

从印度等国家的经验来看，贫民窟最核心的特征是生活在其中的贫民缺乏基本的生存条件，更别说有体面的生活。那里不仅"脏乱差"，缺乏基础设施，而且和"黄赌毒""黑社会"联系在一起。那里的贫民没有预期、没有发展、没有前途，他们在城市难以获得体面生活，又难以回到农村的土地上获得温饱的生活。毫无疑问，中国的城中村和城中村里的农民工不是这样的。城中村是城市的一部分，要接受严格的管理以保持基本的秩序，政府不允许城中村陷入失序状态。农民工栖居在这里，但他们还和家乡、土地有关系，老了、失业了，还可以回家。如果运气好，他们的孩子考上了大学，在城市找到了体面的就业机会，他们就可以搬离居住条件相对差的城中村。

中国的这种城镇化是有制度保障的。习近平总书记曾指出，中国要通过政策保障进城农民工回得去农村，而不是一去不回。意思是讲不能让中国出现发展中大国如印度大城市那般的贫民窟。中国的确采取了有力的制度和政策来保障农民的基本权利，新型城镇化和乡村振兴战略是统筹发展的，不存在偏向哪一端的问题。按照温铁军教授的说法，中国的制度优势是保障了农民的两个自由：一方面是进城务工经商及进城落户的自由；另一方面是回流返乡务农在农村居住的自由。这两个自由是中国农民并不像其他很多发展中国家农民那样落入贫民窟的原因。

　　　　　　　　　　　　　　　　　　　　　亦城亦乡

进城落户问题

如今，无论发达还是不发达地区的农民都不愿意转出户籍。不发达地区的农民预期到进城可能会失败而不得不返乡，保留农村户籍就可能保留承包地及宅基地；发达地区的农民普遍离农且有健全的社会保障，他们不愿意转户是对集体资产持升值预期，因外嫁女等特殊身份的权利问题而形成的激烈博弈正在不断上演。当然他们赞成常住人口城镇化，也就是说愿意在保留农村户籍身份基础上获得和城市人口一样的福利，这就是农村集体产权制度改革的逻辑。

也就是说，户籍问题之所以在不同地区表现不同，是因为农民利益诉求不同。学界的回应是，为了让农业转移人口放心地获取城市户籍身份，在城市就业、居住及享受各项公共服务，国家要进行农村集体产权制度改革。改革的主要内容是通过土地及集体资产的确权把农村户籍和农村承包经营权、宅基地使用权和集体资产分配权脱钩，包括已经完成的农村土地承包经营权确权，正在进行的农村宅基地、房屋确权和农村集体资产股份制改革。这无疑会引发农村基本经济制度的改变。下面以我在上海郊区一个村庄的调查为基础来讨论户籍制度改革问题。

上海远郊的NY村在2010年启动了"宅基地归并"项目，核心目标是吸引农民回乡居住，恢复乡村曾经的活力。地方政府认为，农村没有活力是因为之前不重视村容村貌整治，而农民也没有积极性和经济能力来整治，那么就需要政府投入。NY村宅基地归并项目中，农户得到的是约180～270平方米的独栋房屋，造价大约在30万元（包括新社区基础设施建设）。地方政府制定的最初预算是每户费用30万元，农户出10万元、集体出10万元、国家配套10万元，但事实上绝大多数是国家出的。

集体没有集体经济收入，其10万元是通过土地指标换的。当时的区领导拍胸脯说："钱的问题不要卡了，（每亩[1]土地指标政府给）80万元不能平衡，给90万元、100万元行不行？"无论是增减挂钩指标或耕占平衡指标交易，均是国家转移支付，而不应该理解为集体土地换来的价值。本来政府预期农户出10万元，最后户均仅出了3.5万元。关于这一段讨价还价的过程，村干部回忆说："在村民代表会议上，农户认为这个价格太高，农民承担不住，后来（乡镇党委）书记说7万元行不行，农户开始同意，后来农户还是说不行，最后商定在3.5万元。"最后，NY村新社区建设的资金来源分别是：预期指标收入1.45亿元、土地整理项目资金1.2亿元和农户出资0.38亿元。

由于新社区太过于昂贵，上海市也不打算建第二个，下不

---

1 1亩约为0.067公顷。

为例。为了节约土地资源，NY村最新一期项目打算不再建别墅，而是五层带阁楼的多层小区。这一期满足的是那些有分配宅基地资格（不一定有房屋，却经过申请和政府批准有分户资格），却没有在1～4期中获得房屋分配的农户的需求。在这个过程中，农民需求和制度安排之间存在巨大的矛盾，成为新社区建设过程中的不稳定因素。宅基地归并是农户自愿参与的，和征地拆迁性质不同，因此政府没有制定细致的规则。谁有资格分配新社区的住房，关系到如何界定享受宅基地权利的成员问题。由于涉及的利益很大，村庄内部利益博弈最为激烈，甚至有两个农民以跳楼相威胁。

争议首先集中在非农业人口的分配权利上。除了正常的农村户籍人口和非农业户籍人口外，还有诸多类型的人口的权利需要进行规定。在村庄，非农业人口有多种类型：干部和事业单位就业人员；评了县以上先进个人，主动把个人及家属户口迁出去的；小城镇户口；自理口粮户口；20世纪八九十年代考上中专后迁出去的。按照规定，小城镇户口和自理口粮户口这两类非农业人口可以算农业人口享受分配，其他三类则不算。当时第一类和第二类非农业户口不存在争议，他们在外一般有稳定职业，第五类则可能没有，所以他们强烈要求回村享受宅基地和住房安置待遇。

分户问题更为麻烦。"一户一宅"是保障农户居住条件的基本原则。"户"可能在不同地区有不同的含义，却有基本的规则：兄弟结婚之后要分户；老年人不可独立出来分户；夫妻不可以分户；父母不可以和未成年子女分户。发达地区宅基地不仅有居住价值，还有巨大的财产价值。依据市和区关于农村村民住房建设管理的相关政策，只要成户的，都能独立享受一宅。分户就能申请宅基地的规则促使农民想方设法分户，而这恐怕是原上海市规划和国土资源管理局（以下简称"规土局"）始料未及的。

二

在NY村宅基地归并过程中，各种类型的分户造成项目预算资金严重超标，是投资主体（原市规土局）最关心的问题。NY村的态度是，只要合法且合乎程序，农民可以分户。但农民分户原本就很不规范，村户数本来就偏多。按照2010年项目启动时的统计，有宅基地的户数为844户。NY村2009年的户籍人口为3279人，其中农业人口2016人，非农人口1252人，小城镇户口11人。1～2人户有174户，3～4人户有370户，5人户有150户，6人户及以上有150户，此外还有37户已批未建户。1～2人户占总户数的20%左右，表明了过去分户的不规范性。

2010年启动宅基地归并项目之后农民新分户数量高达248户（截至我去调查的2015年年末），各类分户及住房分配需求全部被激活。分户主要有三种情况：四世同堂分户的有90户；兄弟姐妹分户的有108户，很多是外嫁女回到村庄要求分户；离婚产生的分户有50户，既有真离婚，也有假离婚。能够分户的重要前提是在20世纪90年代颁发的宅基地证上登记了名字，即使后来嫁到其他地方，只要户口还在村庄，就可以申请分户，248

户中就有30多户属于外嫁女或者"外嫁男"。村庄当然要对这些分户进行把关，分户最终还需要乡镇审核。本村的人互相熟悉，证明材料比较好收集，而那些嫁出去的人，则需要嫁入地提供证明材料，证明没有在现居住地享受过动迁政策，否则不允许在嫁出地享受叠加的优惠政策。由于分户这一情况不可避免，NY村规定，在2012年年初至2014年年底符合分户政策且进行分户登记的人才有资格购买建造多层住宅，过期不再计算。

分出的这248户，如果按照宅基地归并中别墅的建造标准，需要占地120亩左右，但是由于政策控制严格，这248户选择了建造多层住宅，占地面积约25亩。对于分户建房，村两委的意见是要等宅基地归并结束后再按有关规定审批，逐步建房，分户建房的所有费用一律由分户者自付。即使如此，由于使用廉价的集体土地，住房建筑费用不高，农户仍能获得极高的收益。

实际上到2015年年末，这248户的多层住房迟迟没有动工，原因就是国土部门虽然早些时候口头上同意了占地25亩的建设计划，但一直没有办理相关手续，近年来建设用地政策有所收紧。为此，不少村民多次到村委会讨要说法，如果村庄不尽快解决住宅建设问题，他们就会到镇和区里去。村干部努力做好沟通协商工作，一方面安抚群众，另一方面抓紧时间向上级反映情况。

三

地方如何评价NY村宅基地归并的模式呢？原上海市规土局并不推崇"NY模式"，称之为"有效果、没有效益"。这主要是从耕地保护的角度谈的，而从社会学角度来理解，"NY模式"的失败并不是NY村的失败。从个体村庄来看，NY村的建设是十分成功的：建设过程极为规范，巨额利益再分配的整个过程都没有出现重大的实质性冲突，村干部极有正气，农民也很满意。但从上海高度市民化的农民的需求和国家财政的分配效率来看，"NY模式"是失败的。

NY村农民处于已完成初步城市化、仍在进行深度城市化的阶段，农民目前的主要任务是进一步进入城市社会，其农村住房的衰落是农民成功融入城市却还没有足够能力和意愿回乡建房的必然结果。地方政府错误地理解了农村衰落的性质，在农民深度城市化阶段人为地推动"逆城市化"，结果仅是已经进城的农民有了休闲场所及额外的福利，政府却背上了越来越重的财政负担，财政投入效率很低。

我们可以估算财政投入及退出1亩宅基地的成本：按照第1～4期874户（844户和已批未建30户），投入3.5个亿，退出宅基地200亩计，每亩需投入170万元之多，其中绝大多数是国家投入。如果计入第5期248户的投入，财政投入还要增加。新增的200多户原来就没有宅基地，现在按照政策有权分配宅基地，政府就得为他们建造新的房屋。此外，农民没有像城市商品房住户一样缴纳物业费的意识。为了新社区的环境整洁和基本服

亦城亦乡

务，地方政府和村集体必须提供物业服务，集体每年为此投入资金就达到100万元以上。

四

综上所述，我得出以下判断：

第一，户籍问题很复杂，要区分类型，要认识到农民是理性的主体，户籍身份的根本是背后的福利。目前户籍制度保护农民在村庄中的福利，限制市民下乡、资本下乡，这体现了保护型的城乡二元结构。对于欠发达地区的普通村庄，虽然其户籍背后的福利远不如发达地区农村的好，但农民仍然十分珍视。在发达地区农村，由于有巨大的利益，户籍身份（集体经济组织成员）非常重要。在宅基地归并项目中，农户通过各种方式分户，要求享受宅基地权利，农户福利要求不断膨胀。

第二，在发达地区的远郊村，村庄景象看起来破败，但这并不是因为农民贫困，而是农民充分转移、融入城市的结果。农民生活面向外部，把收入投向城市住房和教育，为下一代获得较高的经济社会地位而努力，农村则留作养老场所。中西部农村则呈现出两种面貌，一种是农村住房破败，农业依然繁荣。如在湖北沙洋农村，农民进城购房，不注重农村住房建设，农村仅作为老人的农业生产场所和进城失败的退路，村中"面子竞争"的现象很少。另一种是农村、农业繁荣的同时，农民注重住房品质。如在湖北蕲春农村，农民在村中展开激烈的建房竞争，外出务工则是竞争的手段，城市资源不断输入村庄。

第三，宅基地作为农民的基本保障或者作为农民福利与财产权的体现，地位十分重要。在中西部地区，宅基地是农民廉价建房的基本保障条件，在应保尽保的同时要保持一户一宅、限制交易。在发达地区农村，农村劳动力充分转移，农民融入城镇程度高，宅基地是农民福利和财产权的体现，政府机械地应保尽保的结果就是宅基地分配秩序失控。越是让农民集中居住，农民就越会要求分户从而多分配宅基地及住房，也就是当地农民经常讲的一句话"动迁是一个翻身的机会"。农民会以各种理由，包括工厂臭气、噪声、垃圾场、高压线、高速公路沿线等，要求政府将村庄纳入动迁范围。

"四化同步"的困境

一、"四化同步"

S县G镇在2013年7月获批为H省"四化同步"试点镇。该省一共21个试点镇，G镇获得这一机会，意味着会有自上而下的项目资金进入，意味着乡镇面貌可以在几年时间内有很大的改变。"四化同步"是十八大之前提出的概念，即推进工业化、信息化、城镇化、农业现代化四化同步发展。"推动信息化和工业化深度融合、工业化和城镇化良性互动、城镇化和农业现代化相互协调"，十八大报告对"四化同步"的阐述环环相扣。正是缘于这种相互交织依存的关系，报告特别提到了促进"四化"同步发展。

中国是一个区域差异极大的国家，东中西部经济发展差异很大，因此"四化同步"的路径并不一样。税费改革后，国家在农村进行了综合配套改革，接着是新农村建设和随之而来的城乡一体化发展阶段，表现为一系列惠农政策。成都是国家综合配套改革试验区的试点城市，从2003年开始学习东部沿海发达地区，发起系列引起争论的改革，如"三集中""两放弃"和农村产权制度改革等。成都等改革试验区就是后来中央提出

"四化同步"构想的蓝本。

按照省委省政府要求，H省的"四化同步"试点镇不仅要在试点镇建设方面做出成绩，还要在先行先试过程中总结出"四化同步"的一般规律和机制，主要方向是土地管理制度创新。H省"四化同步"示范乡镇试点工作领导小组〔2014〕一号文件《关于创新国土资源管理机制促进"四化同步"示范乡镇建设的指导意见》就明确表达了以国土政策创新为平台支持"四化同步"试点建设的改革方向。

二、"四化同步"的路径

2011年开始的城乡建设用地增减挂钩政策开启了S县新农村建设，给予地方政府和基层干部诸多想象，要按照此一模式在若干年内全部推行新农村建设。在这一思路指导下，有关部门越来越积极介入"三农"问题，召开了许多场协调会，由县农委（代表县委县政府）、原国土资源局和G镇政府协商如何来操作G镇"四化同步"镇工作。我有幸参加了其中之一，借此了解到原国土部门参与"四化同步"的重点：一是要处理和土地整治相关的大量项目资金的分配，二是使用诸如土地增减挂钩等政策工具撬动"三农"。

S县是一个农业大县，工业化和城镇化程度低，2014年城镇人口比例只有约30%。此次试点想将人口集中促城镇化和土地集中促农业现代化并举。试点的一个社区在G镇，另一个在下辖的集镇村，由政府和农民共同分担集中居住成本。政府提供全产权城镇住房，通过土地增减挂钩政策补贴退出宅基地的农户，鼓励农民购买城镇住房。农户城镇化之后，形成了土地大规模流转和规模经营，推进农业现代化，这便是成都的思路。

目前面临的问题是：

第一，人到哪里去？通过从事农业，留在农村的中老年劳动力依靠户均10亩土地每年可以获得1万元纯收入和充足的粮油蔬肉禽蛋供应。而把土地流转出去，即使按照每平方米1元的标准，每亩收入也要减少三分之一，而且也不再有自给自足的农副产品，农业现金收入下降，生活成本大大提升。另外，农民集中居住实现"城镇化"之后在哪里就业？地方政府设想农民城镇化之后，通过土地流转获得租金收入的同时可以就近务工或外出打工。但是S县不同于沿海发达地区，后者在20世纪80年代末就实现了农村劳动力充分转移，农业收入只占据极少的比重。而S县直到现在，从事农业劳动6个月以上的劳动力还占乡村从业人员的一半以上。不是农民不愿意务工，而是当地的非农就业岗位较少。乡镇有数家农业龙头企业，然而这些企业仅能提供200个固定就业岗位和700个季节性工作岗位，吸引的劳动力不多且主要是季节性的工人，工资收入没有保障。而在办了10年也没有办起来的S县开发区，大量工厂圈起的土地并没有投入使用，"不冒烟"。

第二，城镇化资金从哪里来？城镇化需要多方面的投入：首先是住房投资，即使政府主导建商品房再廉价卖给农民，地方政府还需要为建筑房屋和配套高标准的水电路等基础设施提供补贴，每户需10万元以上；其次是社会保障，农民进城之后，地方政府还需要为进城农民配套城镇标准的社会保障，这又需要一大笔资金，地方财政难以承担，也不能全部靠国家转移支付。目前地方政府设想，一方面是向银行优惠贷款5000万元作为周转资金，另一方面依托土地指标交易和土地综合整治资金，后者是最大的资金来源。原国土资源局承诺2014年和2015年要对G镇全域进行国土整治。截至2014年，G镇已经整治土地5.8万亩。问题在于S县农村整理出来的挂钩指标不过每亩2.58万元，G镇户均可退出宅基地1.8亩，户均收入才4.6万元，这远远不足以建设新社区。

三、出路何在

有观点认为，我国工业化超前而城镇化滞后，或认为土地城镇化程度超过人口城镇化，因此要积极地推进城镇化，要制定政策引导人口融入城镇。一旦人口真正落地城镇，那么农业现代化就顺理成章。这种思路过于理想主义，缺乏对现实国情农情的深入了解。

在部分地区，"四化同步"正在演化为没有工业化的城镇化，城镇化又演化为单纯的集中居住于大规模"城镇"社区的人口比率。H省"四化同步"的重点在于创新社区建设，H省E市是"城乡一体化"试点地区，该市就曾计划建设108个新社区推进农民集中居住。新社区建设重点在引导农民向城镇集中，提高城镇化率。在其中发挥中介作用的是原国土资源部制定的城乡建设用地增减挂钩政策，农户退出宅基地可以获得资金进入城镇集中居住区购房。但S县农村务农人口庞大，工业化基础薄弱，G镇实践的城镇化一定也是没有工业化的城镇化，政府花巨资只不过帮农民搬了个家。

一位原国土资源局的总工程师对此认识很到位，他认为目前G镇搞集中居住超前了，因为土地难以流转。在S县，农民的收入有一半来源于农业，由于在村的农业劳动力的机会成本很低——缺乏外出务工的机会，他们不会轻易把土地流转出去，指望下乡工商资本付出高租金又是不现实的。况且，正是农村中老年人依托农业获得的占比一半以上的收入，支撑着整个家庭劳动力的体面再生产，是农民能够顺利进城的基础。正是在这个意义上，农村能够作为中国现代化的稳定器和蓄水池。若是被强制上楼集中居住了，农民丧失了农业生产条件，就不得不低价流转土地，农民家庭就失去了以往的有保障的农业收入，生活质量就难以保持。

中国的城镇化应该走一条稳健的路径，地方政府推动"四化同步"不可无视当地的实际情况，激进地走向大规模集中居住和没有工业化的城镇化。这是一条把农民置入贫民窟境地的道路，增加了中国现代化过程中的风险。

第二篇 小农体系

小农户：作为农业现代化的主体

党的十九大提出了"实现小农户和现代农业发展有机衔接"的命题。在农民和农业经营主体高度分化的背景下，明确农业现代化的主体是"小农户"很有紧迫性。在2019年一号文件之后，中央随之发布《关于促进小农户和现代农业发展有机衔接的意见》（以下简称《意见》），提出加快构建服务小农户的农业政策体系。这是我国农业政策的标志性转变，在今后一段时期内有很强的指导意义。

一、不可忽视小农户

要准确地制定"三农"政策，推动农业现代化，必须从宏观上分析当前乡村社会的基本结构和主要矛盾。《意见》中最重要的是明确指出"小农户"是当前乡村社会主体和农业经营的基本形态这一国情农情。"小农户"是十九大报告首次提出的概念，他们经营规模小，主要经营家庭承包地，即使流入土地扩大规模成为一个"中农"，也很难达到理想的"适度规模经营"水平，基本特征是实行家庭经营、精耕细作。反之，家庭经营的农户并不一定是小农户，因为适度规模经营的"农户家庭农场"一般也是家庭经营，但很难精耕细作。

自20世纪80年代农村实行家庭承包责任制改革以来，农业政策的方向是探索、发展多种形式的适度规模经营，党的十七届三中全会确立了其基本路径就是在"自愿""有偿""依法"基础上利用市场机制推动土地流转集中。截至2017年，农村承包地流转比例已经达到三分之一，形成了数百万个新型农业经营主体。然而在发展现代农业的政策话语体系下，国家过去一直强调包括家庭农场、专业大户、龙头企业在内的新型农业经营主体的发展，造成一些地方政府干预土地流转，在高指标压力下人为垒大户的问题。

事实上，家庭承包基础上的小农户仍然是我国主要的农业经营主体，也是农村社会人口的主体。从宏观上看，受农村劳动力转移程度及社会保障体系等因素制约，我国农业有很大的区域差异。在发达地区农村，劳动力充分转移，城乡社会保障体系一体化，农村承包地大多集中形成各种各样的适度规模经营，如长三角和珠三角大城市的郊区农村；而在中西部农村，劳动力转移不充分，城乡社会保障还有典型的二元特征，农民家庭普遍兼业经营，农业收入仍然是"以代际分工为基础的半工半耕"生计模式的重要组成部分，适度规模经营农户的比例很低。

第三次全国农业普查（2017年）数据也表明，小农户仍然是我国主要的农业经营主体，小农经济的总体格局没有发生根本性变化。根据普查数据，我国现有农户2.07亿户，其中规模经营农户仅398万户，71.4%的耕地仍由小农户经营，主要农产品由小农户提供。[1]多年来，我国粮食生产能力保持稳定，小农户的精耕细作功不可没。这决定了我国农业政策在培育新型农业经营主体的同时，绝不能遗忘和忽视小农户。用《意见》的话来说就是，"既要把准发展适度规模经营是农业现代化必由之路的前进方向，发挥其在现代农业建设中的引领作用，也要认清小农户家庭经营很长一段时间内是我国农业基本经营形态的国情农情"。

二、小农户的经营困境及应对

在小农户基础上，推动农业现代化或者说促进传统小农户向现代小农户转变的关键是有效的"三农"政策。《意见》提出了"加快构建扶持小农户发展的政策体系"的要求，这一政策体系的内容非常广泛，最终目标是把小农户引入现代农业发展轨道。

其中非常重要的一点是"提升小农户组织化程度"。农业组织可以很简单，也可以高度复杂，应当因地制宜，鼓励多样化发展。发展集体经济组织最为重要，是提高农业组织化的基本路径，有利于解决小农户利用现代农业要素的问题。农村实行家庭承包经营制以来，小农户的困境主要是"双层经营体制"中集体统一经营弱化导致的地块分散零碎问题。在很多地

---

1 石霞、芦千文：《如何理解"实现小农户和现代农业发展有机衔接"》，《学习时报》2018年3月30日。

区，取消农业税费后，农业彻底走向"单干"，集体统一经营能力严重弱化。

在农民快速向城镇流动以及农业经营主体高度分化的背景下，地块分散零碎严重制约了我国农业现代化水平的提升。一是面临现代农业技术利用困境，由于土地分散零碎，小农户只能利用小型机械，难以提高农业生产力。秸秆粉碎还田需要大型机械，这在国营农场已经是成熟的技术，而在农村难以推广。二是面临土地集中流转困境，在农民进城和土地流转背景下，实际经营者难以通过市场机制整合细碎化产权，也就很难在流入土地上进行基本的投入和建设，不得不承担高投入、低产出的后果。三是面临国家资源利用困境，支持农业的国家资金难以与分散的农民对接，导致资金使用效率低下。如国家在一些地方投入上千万元用于土地整理项目，然而农户可能依据原有格局分配土地，农业生产条件未能得到根本上的改善。

解决这些问题的可行办法是借鉴一些地区的成功经验，把农业重新组织化，通过发挥集体统一经营作用把分散经营转变为相对集中连片的"规模经营"。

（一）地块归并。主要做法是：以村民小组为单位，政府和集体把农民组织起来协商制定地块归并的具体办法，如分配地块位置、均衡地块质量差异、完善配套设施。全国多个地方正在进行探索，其依据是中央鼓励农民在自愿前提下采取"互换并地"等方式解决承包地细碎化问题。较有成效的如湖北省沙洋县的"按户连片耕种"，在不改变农户承包面积的前提下，通过互换并地、土地调整、土地流转等方式将分散地块调整到一两片，形成了小型化规模经营，提高了公共品使用效率、机械使用效率和劳动生产率，得到了农民的普遍欢迎和上级政府的肯定。

（二）联耕联种。由江苏省射阳县创造，目的是通过打破田埂、统一耕种实现分散小农户的生产联合，形成服务型规模经营。其主要做法是：在政策支持下，以村或村民小组为单位，把农民组织起来扩大农业服务规模，把农业服务由自发的转化为有计划、有组织的。联耕联种在小农经济基础上实现了农业生产方式的现代化，为农民带来了巨大收益。据当地农委干部介绍，联耕联种节本增效达到每亩500元。类似的方法还包括不同程度的农业托管。

（三）土地集中流转。即在小农户分散承包经营耕地基础上建立土地流转市场。在实践上，普遍情形是集体介入土地流转从而形成"土地集中流转"模式，发达地区尤其如此。具体做法是：对土地确权确股不确界，发给"耕地权益证书"；在尊重农民意愿的前提下集中土地，实行土地整治，完善农田基础设施；按照一定程序流转土地形成适度规模经营。这种流转方式避免了农户分散流转加剧地块零碎的问题，促进了农业适度规模经营，又保留了小农户的退路，防止资本下乡造成新的问题。

三、重新认识我国农业现代化

基于"大国小农"的国情农情，中国农业现代化必须立足于小农户，这是《意见》的基本立场。全国各地区关于农业现代化的多样化探索实践则表明了以小农户为主体的农业现代化路径的可能性及实现机制。概括来说，这是一条建立在土地集体所有制基础上，以小农户为主体的，通过发挥集体统一经营作用形成的组织化路径。从根本上说，这是地方政府和村社集体自觉发挥中国特色社会主义的农业制度优势，找回双层经营体制的结果。

双层经营体制是我国基本农业经营制度，是20世纪80年代家庭承包责任制改革的内在构成部分，包括家庭分散经营和集体统一经营两个层次。1991年，中共十三届八中全会通过的《中共中央关于进一步加强农业和农村工作的决定》就总结说："要在稳定家庭承包经营的基础上，逐步充实集体统一经营的内容。一家一户办不了、办不好、办起来不合算的事，乡村集体经济组织要根据群众要求努力去办。"在双层经营体制下，基于小农户的农业现代化是政府、集体和农户多方参与互动的公共治理过程，而不是纯行政或纯市场过程。

在中国特色的土地集体所有制条件下，土地是集体公共生产资料，村社组织作为集体所有权代表，具有根据生产力变化调整生产关系的合法性，这是土地私有制条件下不存在的，也是中国相对于东亚其他保持土地私有制的小农国家和地区的制度优势。经济社会发展条件不同，调整生产关系的方式是多样化的，因此形成农业组织的方式也有不同。只是在过去相当长一段时间内，由于集体经济式微，集体土地所有权不断虚化，双层经营体制有名无实。在国家反哺农业农村能力快速增强、治理体系不断完善、治理能力不断提高的背景下，通过各种方式提高集体统一经营农业的能力，促进小农户和现代农业发展相衔接，应当成为农业政策创新的重要方向，也是实施乡村振兴战略的题中之义。

结合调研，当下提升农业组织能力的农业政策创新可以从三个方面着力。第一，创新土地产权制度，赋予集体在家庭承包制稳定前提下根据生产力变化调整土地的权力，地块归并、联耕联种和土地集中流转等经验均一定程度上依赖于土地调整空间的存在，这种调整也并不违反土地承包法关于稳定土地承包关系的规定。第二，发展多样化的农业组织体系，包括村社组织、各类专业合作社、社会化服务组织等，形成促进小农户对接现代农业的组织条件。在大规模的资源下乡及农业现代化建设的任务下，国家有能力且有必要强化农业组织体系服务小农户。第三，优化资源下乡机制，为集体发挥统一经营能力提供经济条件。集体经济是村社集体统一经营能力的经济基础，如果国家给集体提供较为稳定的资金，就可以使集体具有根据农民意愿供给公共品的能力，为小农户对接现代农业提供基本的物质条件（如小型水利、机耕道、农业用电等），从而解决国家资源下乡的"最后一公里"问题。

江汉平原的典型农户

2014年，63岁的老郑居住在荆门市沙洋县王坪村4组，婚后育有两子一女。大儿子40岁，小儿子30多岁，女儿约30岁，嫁到熊坪村。这是一个典型的新三代家庭，老郑的两个儿子和媳妇均在深圳务工，留下两个孙儿让老人帮忙照料。田地收入就是照料孩子的费用，儿子不再另外付钱。这种多元化的小农经济，区别于历史上的任何一类小农经济，值得深入研究。

老郑出生于本村5组，后来到3组做上门女婿。20年前因朋友邀请到张庙村一年，将承包田转让给一个河南老乡，保留老房屋。后来他还是认为王坪村条件较好，又回村，转入4组。

他的岳父（父亲）84岁，住在他房屋旁的一座老屋中。据介绍，老人在前几年还干活，现在身体不好，干不动了。老人育有两子两女：大儿子在后港中学当校长；小儿子在深圳打工，土地交给村合作社；大女儿留在家里"吃老米"，招老郑当上门女婿；小女儿嫁出去了。按照约定，岳父的三个在家结婚的子女负担长辈的养老送终，大女儿女婿负担她爷爷（已经去世），大儿子负担母亲（已经去世），小儿子负担父亲（老郑的岳父）。在新农保政策背景下，国家给养老费，小儿子只需出粮油。就算有大女儿女婿在附近，老人也不要求赡养，养老责任划分清晰，这是江汉平原原子化地区的特征。

接受采访时，老郑正在田里忙碌春耕，前几日他在整田，马上就要开始起秧和挑秧，就近的女婿计划中午来帮他用插秧机插秧。老郑说，"当农民就要种田"，这是他们这一代人的基本角色。不同于20世纪八九十年代，当前农业技术进步很快，把农民从繁重的体力劳动中解放了出来。

老郑家使用小型拖拉机耕田，这种机械10多年前就已经普及开来。小型拖拉机增加了整田速度，耕牛一天只能完成1亩，拖拉机则能够完成3亩。老郑年老，已难驾驭小型拖拉机，人经常被机器拖着走。他为此又养了一头小牛，准备将来用牛耕种一部分田，降低劳动强度。

插秧技术也进步了。抛秧技术引入不过七八年时间，在三四年前，荆门农村又开始引入插秧机。一个劳动力采用抛秧技术一天大约插秧1.5亩田，插秧机速度快得多，一天两个劳动力能够完成10亩田的插秧。也就是说，老郑和他的女婿使用插秧机一天多就可以插完他的11.7亩地。不过为了尽量降低劳动强度，老郑计划花上整整两天。以往从整田到栽秧，整个春耕过程要持续一个月。插秧机大大解放了农民的劳动力，原来他们需要花150元一天的价格雇天门和潜江农村的妇女插秧，有了插秧机之后就不再需要雇工了。

老郑反映说，目前制约农业生产的主要因素是不利的生产条件。灌溉方面，老郑依靠一口40米深的机井和一口0.5亩田的堰塘，几十年来，他一共用坏了5口机井。目前打一口机井需要2000元，且机井越打越深，严重破坏地下水资源。农村十几年前依靠的是集体灌溉，上游的农户不交钱就能够弄到水，下游的农户交了钱反而弄不到水，下游农户很快退出集体灌溉，分散小农难以组织起来，最终集体灌溉瓦解。

相对于规模经营的农业，老人农业具有精耕细作的特征，并不像很多舆论所描述的那样衰败，是有活力的。农民使用自家劳动力不计算劳动力成本，比如老郑会仔细地把秧盘里的杂草一根根挑出来。他说："这些草到大田去，更不好除。"老人除了为每亩田准备40个秧盘，还为插秧机走不到的角落准备了抛秧用的秧盘，"不漏一窝秧"，这是规模经营者难以做到的。在机插秧现场，我们看到有三个劳动力在忙碌：老郑挑秧盘，女婿操作机器，老伴则在补秧。为了节约用水，老郑把前几天降雨积在田里的水抽到门口堰塘存放，防止天旱缺水。

荆门所在的江汉平原土地十分肥沃，农业收益相当不错。老郑有近12亩土地（按照当时习惯亩，1亩计1000平方米），如果种植两季作物，年纯收入可以超过2万元。12亩土地，1亩一季可以产出2000斤[1]水稻，一共可以收获2.4万斤水稻。留2000斤自食、喂养家禽等，其余2.2万斤就可以卖掉，毛收入为2.6万元，其中开支约8700元，净收入约17300元。老郑还会种10亩的油菜，1亩土地可以获得净收入500元。两季合计，农户的种植业净收入约22300元。关于未来，老郑认为他种田可以种到70岁，到那个年纪，他只需留下一两亩口粮田，剩下的土地交给儿子。如果儿子们不种田，就把土地流转出去。对于儿子

1　1斤为0.5千克。

是否回来种田，老人还不是很确定，但"他们没有什么技能，老了还得回来种田"。从宏观层面考察，当代城市无法为庞大的农村剩余劳动力提供获得体面收入的机会。他们中的大多数注定只能回到农村务农或在村庄附近打零工。按照一般规律，在大儿子回家务农、小儿子还未回家时，小儿子的承包地就自动转给大儿子耕种，大儿子付出一定的租金或为小儿子家庭提供全年粮食。如果大儿子能够流转到邻居亲友土地，则他就可以扩大规模成为耕种适度规模土地的"中坚农民"。这样他就可以不用外出务工，在村内获得体面的收入。当大儿子也步入老年，他就逐渐把土地退给小儿子和邻居亲友耕种，他们的家庭就开始重复上一辈的以代际分工为基础的半工半耕生计模式——老人耕种土地、子女在外务工经商，直到他们的子女顺利地融入城市。

山区的小农经济

在湖北恩施山区调研时，我发现山区农户也被卷入以外出务工为主的经济中，小农经济对于农民家庭主要发挥保障性作用。以往小农经济还须承担提供货币性收入的功能，20世纪90年代末大规模外出务工经商潮后，这一功能已经很弱。2013年前后，农户的农业收入（把蔬菜、稻谷、油料和猪肉这四种主要的农产品折算为货币）仅仅占据家庭总收入的三分之一。普通家庭的务工经商年收入需在2万元以上，否则不足以支撑一般消费水平下的家庭经济。相对于中东部平原农村地区，恩施的龙马地区所在的山区受制于生态条件，交通依然闭塞，各种公共服务落后，农村人财物各种资源外流。在高山地区农村，有大量的年轻男子难以结婚，家庭再生产难以进行。2007年和2012年，李克强同志两次深入该地区农村考察，指示地方政府要以龙马地区为点，探索出一条可复制的贫困山区的扶贫模式，帮助农民尽快脱贫致富奔小康。地方政府准备从农业产业结构调整入手来改善农民农业收入状况，在产业结构调整过程中，茶叶和烟叶都是推广的对象，但农民对它们的态度有明显的差异。

一、种地养猪的传统生计

山区农村的土地由少量的水田和大量的山田（地）构成。平坝地区人口密集，分配的土地数量较少，但是土地生产力较高、交通便利；而高山地区人口稀少，分配土地数量较多，土地生产力较低、交通不便。在龙马地区有两个较广阔的平坝，一个在龙马村和柑子坪村的部分地区，一个是高山上的青堡平原，海拔1800多米。

目前恩施山区农民家庭的生计模式是"半工半耕"，不再主要依赖农业收入，农业收入大约占总收入的三分之一，完全不依赖农业收入和主要依赖农业收入的农户都属少数。不过仍然有大量无法寻找到务工机会的中老年人在家里耕种土地。2000年之后国家政策给予农民补贴鼓励退耕还林，农民依然把能够种植庄稼的土地利用起来，不愿意浪费一点。山区抛荒土地主要位于交通不便的高山区，森林的扩展、野猪等动物的毁坏和生态条件恶劣，令这些土地无法耕种。就近的数亩土地虽不能获得非常多的货币收入，却能够保障温饱。

农民种植稻谷、苞米、红苕和洋芋，在旱地上套种后三种作物能获得较高产量。以一般的山坡地为例，平均一亩土地能收获500斤苞米、2000斤红苕和2000斤洋芋。20世纪八九十年代，山区农民向集市酒厂提供大量玉米用于酿酒，向政府提供粮食抵交税费、"三提五统"，并用一部分粮食喂养生猪换取货币收入。大规模务工经商潮后，家里基本上是留守老人、妇女和小孩，在交通不便的条件下已经难以进行传统的粮食交易，酒厂倾向于大量使用来自外部市场的玉米，红苕等农作物只能主要用于喂猪。

但是在外出务工背景下，普通农户养猪数量大幅下降，到2013年，包括六七家规模性养猪场在内，整个龙马地区一年的生猪出栏数也未超过1万头。普通农户一般留一两头年猪，保证全年都有肉吃，多余的猪则用于换取饲料、肥料和其他日常生活支出。由于喂养生猪的成本上升，农户基本上难以从中赚取利润。饲料店老板说："现在养猪赚不到钱，是为了饲料店喂养的。"农户养殖一头200斤的猪，毛收入1500元，除去300元仔猪钱和500元饲料钱，消耗的自产500斤玉米和劳动力投入加在一起只能折算为700元，这显然是不经济的。不过农户算账的逻辑是，中老年人和妇女在家里没有就业机会（就不存在劳力的机会成本），自家生产的粮食和杂粮正好也难以卖出去，就不如把剩余劳动力和粮食投入到养猪上来。

这一种植模式在当前遭遇到的主要威胁是生产条件不佳。一是野猪雀鸟会在偏远山区、人烟稀少地区毁坏庄稼。在洋芋和玉米收获季节，农民不得不住在地头守护庄稼，还要用鞭炮赶野猪，由于只能吓唬不能捕杀，野猪灾害越来越严重。二是公共品供给不足。这主要是因为道路交通条件差，越是高山地区，交通越是不便，农民又无法迁出来，生产的粮食和生猪难以调运出来。目前主要公路供给只到行政村，而大量通到村民小组的公路未能修通，依赖农民合作且筹资金修建道路非常艰难。

李克强同志2012年第二次来到龙马，察看了挂坡地的生产情况，认为这样的土地生产不便，要退耕还林，进行产业结构调整。目前除了青堡发展烟叶之外，其他村庄均把发展茶叶作为退耕还林的选择。地方政府希望通过调整农业产业结构帮助农民致富。茶叶经济是农业产业化的典型思路之一，能够把小农户、村庄中小规模加工厂和外部大市场联结起来，增加单位土地上的劳动力投入量，保护生态环境的同时大大提高了农民收入。茶叶经济的成功为我们思考扶贫山区农业产业结构调整问题提供了思路。

二、茶叶的产业化经验

茶叶以龙马乡猫子山村的最为著名，其次是佐家坝村。发展茶叶生产有明显的政府推动因素，而大规模发展、加强同市场的关联则是农民根据形势而自发做出的选择。退耕还林政策给予种茶农户较高补贴（每亩每年400元，一共补贴8年），因此农民有较高的积极性。自然生态原因也让农民愿意退耕还林：农村人口减少后森林繁茂，野猪肆虐，毁坏庄稼，每年损害量在三分之一以上，有的地区甚至绝收，对这样的土地退耕还林显然较好。

我们在山区农村考察了一天，聚焦于目前茶叶发展较为成熟的猫子山村和佐家坝村，与两村的村干部、茶厂老板、茶农均进行了访谈，获得了大量第一手资料。茶叶是资本不密集而劳动力密集的产业，从中小学生到老年人都能采茶。最差的茶园每亩一年也有1000～2000元的收入。2007年以来，该地区茶叶加工能力大幅提升，对外的市场开拓已经完成，非常适合发展茶叶尤其是小农家庭基础上的小茶园。农户一般只留小块土地种植蔬菜和杂粮，用于养年猪和自食，茶叶是猫子山和佐家坝村农民的主要收入。

猫子山村茶叶最早是由恩施公安局在20世纪70年代末蹲点时发展起来的，是产业扶贫的结果。2013年，集体茶场一共有280亩土地，承包给一个福建商人，日常管理由村主任负责。由于管理不善，该茶园未能投入生产。而农民自行种茶可以2003年为界分为两个阶段：2003年之前猫子山约有1000亩农户茶园；2003年推行退耕还林政策当年就增加了600亩，后每年递增。2013年新的退耕还林政策又推动增加1000亩，茶园总面积达到4000亩，绝大部分土地用于种茶。据村干部介绍，农户张某的茶园最大，面积在20亩以上，采茶叶季节要招募5个工人帮忙采茶。他土地如此之多的原因是邻居迁出，将土地转让给他。

全龙马地区有10个茶厂，均是中小规模，其中最大的在佐家坝。猫子山拥有的数量最多，一共有6家。刘某的茶厂是其中最大的。茶厂不再采用20世纪八九十年代的锅制茶工艺，所有工序完全机械化，原料部分由农户送来或亲自收购，更多是贩子收集鲜叶送到厂里。春茶（芽茶）一般当天加工，第二天早上就要送到恩施茶叶市场交易。争分夺秒是茶叶生产加工的非常重要的特征，原因有三：第一是抢价格，茶叶市场是"一天一个价"；第二是资金链问题，农民加工厂并无雄厚的流动资金，茶叶需尽快脱手；第三是中小规模茶厂基本上无冷库，茶叶无法长期存放。

茶厂老板均是农民，一般夫妻上阵亲自做茶，在最忙的春茶加工季节雇请两三个师傅帮工，签订4个月的合同，即从正月十五起到农历五月初，工资则是每月5000元，这在当地是技术工的工资。夏季加工绿茶只由老板自己操作，无需雇工。刘某的茶厂生产能力最强，在春茶季节一天可加工1000斤鲜叶（相当于200个劳动力的采茶量），制作干茶200斤；茶厂每年工作6个月（农历二月到八月），加工鲜叶总量18万斤，干茶3.6万斤。茶厂老板每年一般有10多万元收入，较大的茶厂在20万元以上。他们主要加工本村的茶叶，而且也只有本村（地区）的茶叶发展起来才能支撑起加工厂。茶厂老板把厂建在村里生产基地，形成与茶农相互依赖的关系。农民采摘的鲜叶要当天卖才能卖出价钱，工厂则需要源源不断的低成本鲜叶供应来保持生产能力。茶叶生产高度依附于原料供应地，茶农也是高度依赖茶叶加工厂的。

据刘某讲，茶厂和茶园生产潜力实际上未完全释放，主要制约因素是劳动力。按猫子山茶园4000亩的生产规模，要6个较大的茶厂才能满足加工需要。劳动力供给跟不上，采茶能力无法充分释放出来，导致茶厂加工能力受限。佐家坝村大一点的高棚茶厂一天可以生产加工1万斤鲜叶，每天却只能收获3000斤（600个劳动力的采茶量）。在丰产期一个劳动力一天采0.5亩就可以获得6斤鲜叶，但由于目前劳动力大量外流，佐家坝村在采摘茶叶季节只有约200个劳动力。丰产季节劳动力不足，清明前后的春茶来不及采，一两天后就成了不值钱的绿茶。

茶农最担心的问题是采摘的鲜叶卖不出去、卖不到好价钱。根据农民经验，一亩茶园年纯收入在2000元左右，管理得好在3000元以上，其中春茶、绿茶的收入各半。农户对茶园的投入包括茶苗（由国家免费提供）和秋冬季节的管理，例如施农家肥（或有机肥）、松土、剪枝等，收入主要从劳动中来。猫子山村户均8亩茶园，农户年纯收入在2万元左右。雇工采茶则一般约定"五五分成"，对于有较多茶园但缺乏劳动力的家庭是一种增加收入的方式。

茶叶生长要求土壤呈酸性，对海拔高度也有一定的要求。与传统农耕生产不同的是，茶叶生产劳动高度密集，资本却不密集，而且高度依赖产业配套和市场需求。没有相关的产业配套，茶农生产的鲜叶很难销售出去，也就无法变现。茶叶不耐储存，农户用传统方式加工利润极低，没有及时的市场销售管道，加工厂也难以存活。大量的小加工厂无法建设冷库且市场行情每日在变，加工厂必须将干茶尽快出售才能收回成本。因以上特征，茶叶适合的生产模式是一家一户的小农生产，并且形成规模的生产基地，配套中小规模加工厂就地加工茶叶，同时最好是能够形成区域性的种植规模，这样就能支撑一个区域性的茶叶生产、加工和运销的市场体系。恩施具备这样的产业集群优势，有茶叶大市场收购各个乡村茶厂送来的茶叶。

三、烟叶的产业化困境

青堡村是龙马地区最早发展烟叶的地区，在地方政府推动下，20世纪90年代引入白肋烟种植，2012年开始发展新型烟叶，引入烟草公司在村里办厂，现已建设现代化的厂房和育苗车间。新发展的烟叶为烤烟，农民依赖烟草公司提供的现代化设备加工烟叶，分散的小规模种植烟叶的农民只有把土地流转给烟叶大户，充当劳动管理环节的工人。村里组织动员农民把土地流转给公司，2012年流转了一共1600亩，土地租金为每亩350元，公司再分配给烟草规模种植户。第二年，农民不愿意流转土地给烟草公司，因为租金难以维持既有生活水平。

先来介绍新的种植模式。烤烟的工序比较复杂，投入的资本量较大，烟草公司采取了向规模种植户提供全部生产资料、收获时结平衡账的方法。第一年流转的1600亩土地由公司分配给14个烟叶种植户：4个是本村村干部，种植规模不大，分别是10、10、20和60亩，这是上级政府调动村干部积极性的一种方式；10个外来户，一般有100多亩土地，规模最大的为180亩。烟草公司给每个经营主体提供烤房、烟苗、肥料、农药等生产资料，收获时再从总收入中扣除，第一年按每亩50元的标准给种植户补贴租金。

规模性的烟草种植需要雇工生产。我们以一对夫妇两个劳动力来计算其生产能力：移栽烟苗从4月持续到5月中旬，工序复杂，依次有翻耕、起垄、覆膜、打井窖、移栽、浸水，依靠夫妇两人只能种植10亩土地。烟叶管理同样需要大量劳动力，包括病虫害防治、打顶抹芽、撕膜。8月末9月初烟叶进入收获季节，种植户还需要把收割的烟叶扎好送入烤房，很费工夫，夫妇二人收割1亩至少需要5个工日，也就是说两个月的时间两个劳动力每天都干只能收获12亩。雇工生产，1亩烟叶的土地租金、雇工和生产资料等投资达到每年3000元，利润则高低不等，主要由烟叶产量、烤烟水平和销售价格三个要素决定，较高时能达到3000元，如果受到灾害、烤烟技术低下或市场价格低，种植户就要亏本。能够承包百亩土地的是专业种植户，因此价格一般较好。公司考虑到烟农的利益，也会在烟农受灾时给予支持，例如第一年烟农受了灾，烟草公司每亩补贴了1000元。

2013年秋，基层组织遇到的问题就是有70%的群众不愿意流转土地，这部分群众依赖土地获得农业收入作为基本的生活保障，而土地租金不能保障原有的温饱水平。我们以一位村民小组长的生活为例。他的儿女外出务工，他和老伴在家里种地，一共种植8亩土地，其中有0.5亩地种植蔬菜，人和猪都能吃。他的8亩地（其中有1.5亩水田）一年可以生产4500斤苞谷、350斤黄豆、1.2万斤洋芋、1万斤红苕、1700斤谷子，这些粮食一部分自己吃，其余用来喂5头猪，留两头年猪，卖3头商品猪换取生产资料和饲料的钱，再喂养十几只土鸡。这些粮食、肉和油完全可以满足一家老小过生活，每天能够吃一两斤肉，吃的是猪油，蔬菜不需要购买，还有土鸡可吃，生活质量高。而流转出去每年获得2800元总租金，均摊到天，每人只有0.85元的生活费用，连买一元一包的快餐面都买不起。

至于烟草公司和地方政府认为农民可以进厂打工，其实是很难满足农民要求的。在青堡村，50岁以上的农民就找不到工作了，只好回家种地，800户人家3800人，可以劳动的人口（20

岁到80岁）大约有2000人，其中一半外出务工经商，一半在家以务农为主，也打点小工。集约经营后，烟草公司只能吸纳少数农民进厂，而且打工是季节性的，工资也并不高；大户经营烟草，雇用的是相对年轻的劳动力，排斥60岁以上的老年人。如青堡烟草公司2012年用1600亩土地种植烟草生产出30万斤烟叶，吸纳了40个临时工劳动了一个月，主要是拣选、打捆、管理等工作，工资每天60元，规模种植户雇用农民做工也只是这个价格。

小规模的烟草种植能大量吸纳劳动力，按照10亩烟叶吸纳两个劳动力计算，青堡村4000亩土地可吸纳800个劳动力，比规模种植多得多。小农种植的工作方式是自由的，而种植户雇工则是"早上天刚亮就要上工，一直工作到晚上天要黑了，两头黑"。农民认为获得工资收益不如自己种地，因此激烈反对烟草公司大规模流转土地，担心土地流转后生活质量下降。

四、在小农经济基础上扶贫

产业扶贫要因地制宜，不宜激进。从20世纪80年代开始龙马地区就一直在推行产业结构调整，试图增加农民收入，令小农经济脱贫。当地先后推广过核桃、柚子、药材和长毛兔等农产品生产，简言之就是以经济作物取代传统粮食作物，却一次又一次地失败了。猫子山和佐家坝的茶叶产业在1970年年底取得了初步发展，在20世纪八九十年代的发展并没有引起重视，当地农民称"一届领导一个品种，政府花了钱，农民受了害"。小农经济方式中的农民很难单个地做出改变农业产业结构的决定，这是分散的小农面对市场时的理性抉择，需要地方政府作为中介。而在市场经济条件下，地方政府很难保证农产品能够销售出去。柚子就是一个典型，曾经的猫子山漫山遍野是柚子树，后来农民把它们砍掉栽种茶叶，留下的寥寥无几。

目前为止最为成功的茶叶产业是由地方政府推动、农民普遍选择的。地方政府为农民提供了种苗和政策支持，建设以城市为中心的大市场，却不是全面包办，而是尊重农民自主性，让农民根据市场形势选择是否种植。当茶叶种植形成规模后，农村内部办起了茶叶加工厂，成为茶农依赖的区域性市场。这个区域性市场不仅有市场交易特征，还具有乡土特征，吸纳越来越多农民加入较高附加值的茶叶市场体系。

与发展茶叶受到农民的欢迎不同，资本下乡规模性流转土地种植烟叶、创办烟厂吸纳就业的方式遭到激烈反对。因为烟叶的生产需要巨大的资本投入，采取规模性的种植方式，又把绝大多数农民排斥在土地之外，农户无法获得农业收入和农业生产带来的福利。在农村有大量剩余劳动力找不到出路的背景下，地方政府推动烟叶的规模经营侵蚀了农民赖以生存的土地，损害了农民利益。

总结这两种产业扶贫模式，我认为，改造小农经济应该充分尊重小农户家庭经营的重要地位，提倡因地制宜地改造传统农业，要避免农业产业资本下乡排斥小农分享农业利润的激进模式。

适度规模经营再认识

一、适度规模经营的概念

21世纪以来，工业化和城镇化迅速发展推动农村劳动力快速转移，越来越多农民外出务工并融入城镇。同时土地开始流转，农业经营方式开始转变。截至2014年6月底，全国家庭承包经营耕地流转4.47亿亩，占家庭承包耕地总面积的三分之一。在这一背景下，研究土地流转及农业变迁的方式，关系到中国特色现代化的路径选择，具有重要的意义。已有的农业变迁研究流行"传统农业—现代农业"的二分法，其研究框架是：工业化和城镇化推动农村劳动力转移，农村土地流转集中，形成传统农业向现代农业的变迁。这尤其体现在学界关注"规模经营"的新型经营主体上，经营规模是否"大"成为衡量农业现代化的主要标准。这在政策实践中则表现为许多地方政府在土地流转及农业补贴上，支持流转土地100亩以上的家庭农场等规模经营主体，许多地方形成了和传统农业根本不同的"突破性农业转型"。这种二分法忽视了中国人口众多，又是发展中国家的基本国情。农村剩余劳动力转移是一个长期过程，农业经营规模的扩大受制于诸多经济社会因素，农业变迁在此过程中可能具有中间性质，简单地用传统/现代、小规模/大规模进行概括显然是不恰当的。

这种中间性质用"适度规模经营"这一中国特色概念概括非常合适，它是20世纪80年代中国农业改革过程中形成的概括农业经营政策取向的一个重要概念。农村改革废除了集体农业，建立了家庭承包经营制度，形成了中国式的小农经济，同时基于中国现存人地关系的约束条件，中央一直提出要结合现实国情农情，通过推进适度规模经营的方式推进中国特色农业现代化。适度规模经营概念背后的假设是，农业变迁不是孤立发生的，而是嵌入整体经济和社会变迁之中的。农业经营规模的扩大不仅是农业经济的效率问题，也是政治社会的公平问题。

二、理解适度规模经营的两个维度

当前学界对"适度规模经营"的研究，主要强调其相对于分户承包经营的农业经济合理性。我认为则应同时考虑到其政治社会合理性。

从经济合理性的维度上讲，适度规模经营的核心问题是，在实践中确定的一些技术要素条件下，怎样的经营规模是"适度"的。家庭承包经营把农民从集体农业中解放出来，然而这种分散细碎的小规模经营从一开始就妨碍了现代农业技术的应用和农民收入水平的提高，因此有必要通过适当的方式集中经营土地。然而在一定的技术条件限制下，农业经营规模不是越

　　　　　　　　　　　　　　　　　　　　　亦城亦乡

大越好，由于存在自然风险扩大、大规模雇工的道德风险的产生及农业地租的快速增加等问题，过大的经营规模可能降低农业生产效率，因此适度规模经营是一种超越均分承包制度的经营模式。"适度"的具体界定方式可以很不同：有人从组合、使用农业经营要素的角度讲；有人从充分利用劳动力的角度讲；还有更宽泛的，认为凡是突破家庭承包经营的方式都是适度规模经营。但这些都属于经济合理性的范畴。

下面讨论政治社会合理性的维度。诚然，适度规模经营的经济合理性是基本的。然而需要说明的是，在不同的生产力条件下，"适度"规模是变动的。理论上经营者可以无限制地扩大规模，通过建设高标准的排灌基础设施降低自然风险，通过机械化生产降低对劳动力的依赖，通过创新经营管理方式激励农业工人等。我在调查国营农场时了解到，在一定的土地、机械和农业技术条件下，通过合理的组织管理，少数农民构成10人左右的作业队，靠大型机械能够耕作3000亩土地。从这个角度看，制约经营规模扩大的不是农业及经营管理技术，而是政治社会因素。政治社会视角下的"适度"要求经营规模和农村劳动力转移及城镇化相适应，这是作为关系性概念存在的。农地经营规模扩大的速度要适应农村劳动力转移的情况。

适度规模经营概念的形成有特殊历史背景，它大约出现在20世纪80年代中期，最早由江苏省1986年3月"农业适度规模经营问题座谈会"界定，座谈会把适度规模经营定义为：改变现有"人分口粮田、劳分责任田、猪分饲料田"的土地平均经营格局，使土地随着经济发展的需要向种田能手集中，形成单位劳动力经营较大面积土地的专业化生产。关于适度规模经营的思想，最为著名的是邓小平在1990年谈农业问题时所说的"两个飞跃"："中国社会主义农业的改革与发展，从长远的观点看，要有两个飞跃。第一个飞跃，是废除人民公社，实行家庭联产承包为主的责任制。这是一个很大的前进，要长期坚持不变。第二个飞跃，是适应科学种田和生产社会化的需要，发展适度规模经营，发展集体经济。这是又一个很大的前进，当然这是很长的过程。"[1]

20世纪80年代以来，推进农业的适度规模经营，探索进一步的农业经营制度改革是农业部门的重要工作。国家政策层面从80年代就开始提倡土地流转集中，1984年中央一号文件首次提出"鼓励土地逐步向种田能手集中"，1987年中央五号文件又提出"在京、津、沪郊区、苏南地区和珠江三角洲，可分别选择一两个县，有计划地兴办具有适度规模的家庭农场或合作农场，也可以组织其他形式的专业承包，以便探索土地集约经营的经验"。80年代中期以后，发达地区农村劳动力大量转移到二、三产业，以什么方式集中土地实行适度规模经营就成为一个重要现实问题。在农村改革试验区的土地制度建设中，苏南地区和北京顺义地区均采取土地适度规模经营的改革方案。

中央一直强调因地制宜，稳定家庭承包经营这一基本制度，只有具备条件的地区才可以逐步发展适度规模经营。2008

1　陈吉元、韩俊：《邓小平的农业"两个飞跃"思想与中国农村改革》，《中国农村经济》1994年第10期。

年，十七届三中全会将形成适度规模经营的基本机制总结为在土地承包经营权流转市场的基础上"发展多种形式的适度规模经营"，农村土地流转"按照依法自愿有偿原则"。1993年，针对早期很多欠发达地区的农村以划分责任田和承包田的"两田制"方式实现适度规模经营的做法，中央明确予以制止，因为地方政府和村集体可能借此增加农民负担，农民收入减少会增加农村的社会稳定风险。2014年，针对各地大规模土地流转频频损害农民利益的状况，中央重提坚持适度规模经营，"既要注重提升土地经营规模，又要防止土地过度集中，兼顾效率与公平"，"各地要依据自然经济条件、农村劳动力转移情况、农业机械化水平等因素，研究确定本地区土地规模经营的适宜标准。防止脱离实际、违背农民意愿，片面追求超大规模经营的倾向"，把农业适度规模经营确立为政治社会层面的概念。农业适度规模经营的根本特征不是规模扩大的程度，而是规模的扩大与农村劳动力转移、农民融入城市化的水平相适应。

三、发达和欠发达地区的区别

由于经济发展条件不同，农村劳动力转移充分程度不同，发达地区和欠发达地区农村实现适度规模经营的形式也就不同。发达地区更多受政府规划影响，经营主体的选择更多地考虑保持粮食生产能力，而欠发达地区政府规划较少，经营主体的选择是农村内生的。相对于发达地区的大规模家庭农场，欠发达地区形成"中农—家庭农场"。

从30多年前的乡村工业化开始，发达地区农村率先走出了分户承包经营的传统格局。以苏南地区为例，从20世纪80年代开始蓬勃发展的乡镇企业吸收了大量农村劳动力，有的村庄在80年代中后期就开始把土地集中起来形成集体农场。在该地区，农业效益相对于非农就业为低，多数农民不愿意承包或多种土地，因而具备了适度规模经营的条件。随着农村劳动力转移，土地流转面积持续增加至90%以上。如上海市松江区农村，15余万亩耕地中有90%以上由1119个家庭农场经营。[1]假设一个村庄大约3000亩耕地，按一个家庭农场耕作100～150亩计算，可形成20～30户家庭农场。

而在大多数中西部欠发达地区，农地流转比例不高，耕种超过100亩的规模经营主体数量十分少，超过50亩的也不多。有学者发现外出务工农民的土地一般自发流转给邻里亲友，留村青壮年成为耕种20亩左右土地的"中等规模自耕农"，简称"中农"。从性质来看，中农这一经营形式超越了均分承包制，其经营模式也是家庭农场。其在农村占比不多，农户数量占10%～30%，耕种土地占20%～50%，具体的比例在各地区略有不同。从历史来看，中农家庭农场是工业化和城镇化推进阶段中农业变迁的必然产物。20世纪八九十年代，这一经营模式在发达地区也曾短暂出现，不过由于工业化和城镇化快速吸

1　上海市松江区统计局、国家统计局松江调查队，《2015年上海市松江区国民经济和社会发展统计公报》，《松江报》2016年02月16日。

收农村劳动力，该模式并未持续多久，便迅速转化为规模经营的家庭农场。

　　我认为应当关注被学界长期忽视的"中农—家庭农场"（或称为中农、新中农）。从我们在全国的调查来看，各地区均呈现出土地流转集中到中农的趋势，在承包地"人均一亩三分，户均不过十亩"的广大中西部地区，通过自发土地流转耕种超过100亩的规模经营者非常少，超过50亩的也不多。据原农业部2013年组织的家庭农场调查显示：经营规模50亩以下的农场有48.42万个，占总数的55.2%；50～100亩的18.98万个，占21.6%。[1]耕种面积在100亩以下的家庭农场占了绝大多数，但全部家庭农场的平均耕种面积达200.2亩，这主要是由于少数家庭农场规模过大。2008年湖北省对农村适度规模经营进行过一次调查，据对5个县市11乡镇的调查统计，在耕种面积30亩以上的规模经营户中：经营30～50亩的占62%，经营面积占总面积的40%；50亩以上的经营户中，50～100亩的占84%，经营面积占58%。[2]

　　中农耕作中等规模的土地，超越了小规模家庭承包经营，又没有形成大规模的家庭农场。这种中间特征决定了其经营行为具有以下几个基本特征：大量应用机械化及农业技术，降低

1　参见《我国首次家庭农场统计调查结果显示：全国家庭农场达 87.7 万个，平均经营规模超过 200 亩》，载农业农村部网站：http://www.moa.gov.cn/xw/zwdt/201306/t20130604_3483252.htm。
2　湖北省委农办课题组：《湖北省农村土地规模经营情况调查》，《湖北社会科学》2008 年第 4 期。

劳动力强度，提高劳动生产率，为农业初步的现代化提供可能；充分利用家庭劳动力，比普通农户更为精耕细作，提高了亩产量和土地资源利用率；从事多种多样的副业，获得多元化的收入，这也是中农保持活力的重要原因。从这个角度看，他们又具有传统小农阶层兼业经营的典型特征，这也是适度规模经营的中农和规模经营的家庭农场的区别。

四、小结

适度规模经营是理解中国特色现代化实践的一个特色概念。在"传统—现代"的二元分析框架下，农业现代化就是"现代农业"取代"传统农业"的过程，没有中间阶段。引入"适度规模经营"概念，重新对现阶段农业变迁的实际进行考察，则会发现农村内生的"中农—家庭农场"是中西部农业适度规模经营的主要实现方式。因此，认为土地流转一定要形成现代化的"规模经营"并不妥当。从宏观上看，只有认识到8亿多农民包括2亿多进城农民工，仍依托20亿亩耕地获得基本生存保障的现实，就不难理解当前占大多数的欠发达地区的农业变迁只能是"中农—家庭农场"。即使到2030年中国农户数量降低到现在的一半多，户均耕地也仅仅是20亩，规模也不大，这表明"中农—家庭农场"这一形式还要持续很长的时间。这是宏观结构决定的，又是特定制度安排条件下，乡村社会的自我调适和平衡。在我国高度紧张的人地关系下，大多数农民只能向工业和城市寻找资源，基于外出务工和城市化而发生分化。

相对于其他发展中国家，中国的农业变迁秩序可能在规模经营速度上缓慢一些，但避免了少地和失地农民被推入城市贫民窟进而威胁整个社会的稳定的现象，有助于中国现代化的完成，这是中国特色现代化路径的优势。

流动时代的彩礼变革

彩礼是农村重要的文化现象，它关系到农民的婚姻，而婚姻又是农民家庭再生产最重要的环节。改革开放以来，农民流动、社会分化、村庄社会边界开放、计划生育政策等因素对农村婚姻产生了剧烈冲击，并在彩礼这个婚姻缔结的重要环节上凸显出来。

一、"三天同居"

原来听在赣南调查的同志讲过农村闪婚，闪婚是父权、打工经济及婚姻伦理变动等因素共同形塑而成的，过程中也形成了很高的彩礼。有一个例子说，一个老人生了四个女儿，没有儿子，按照当地的彩礼平均20多万元计，四个女儿嫁出去，这个老人就可以获得100万元的彩礼收入，农民戏称四个女儿等于一个"百万富翁"。

2018年夏天，我在江西赣北余江县（后改为余江区）调查，发现当地彩礼已经普遍达到18.8万元，个别农户结婚付的彩礼更达到28.8万元，大多是在定亲时由男方一次性付给女方的。当地的婚姻通常是春节回家大约一个月后确定下来的，外出打工的男女青年回家，双方父母最重要的事情是张罗相亲。从相亲到定亲这个过程最短只需要三天，且令人震惊的是定亲后女方可以直接留在男方家里作为"准媳妇"。具体流程是：第一天见面，如果双方相互看中，就约定第三天定亲付彩礼；第二天男女青年可以一起去买菜，筹办第三天的小范围亲戚之间的酒席；第三天定亲给付彩礼，可以先支付一部分比如10万元，然后女方就留在男方家里。具体用时长短不一，也有花两个月时间走完见面到定亲这个程序的。

农民胡某家的小儿子中专毕业，学水电技术，媳妇是初中毕业。定亲时第一天在女方家谈，男方给了2万元的定亲礼，当天就去买了金子花费了3万元左右；第二天两个人一起去买第三天办酒席需要的菜品；第三天男方家举办定亲宴，女方的父母兄弟、外公外婆、爷爷奶奶、姑舅姨表等30多人到男方家"看人家"，男方亲戚朋友作陪。酒席一共8桌，男方支付打发钱2万元左右，约定彩礼16.8万元，首付8.8万元。从第一天到第三天已付彩礼、礼钱和酒席等费用约20万元，胡某夫妇出了13万元，小儿子自出7万元，还有8万元彩礼延期支付。

在特定社会条件下，余江的彩礼习俗还发挥了女方婚姻保险的作用。"三天同居"在过去的道德体系看来非常不合理，一般习俗不允许男女青年婚前同居，女方家长更是如此。而在今天，婚前同居在该区域已经合理化了。一笔不菲的彩礼就是女方婚姻安全的重要保证，彩礼暂时由女方父母保管，如果男方违反婚约，女方就将彩礼作为经济补偿，不退还男方。

二、婚礼的减省

在余江还有很多家庭把婚礼省去或拖很久才办，个中原因包括：等到生儿子才办、筹不到钱支付剩下的彩礼、工作太忙没有时间、怕麻烦、感觉没有必要。

要等到生儿子才办婚礼，这是很多南方农村共同的习俗。在这些农村的婚姻习俗中，婚姻的主要目的是传宗接代，如果妇女过门后不能生育儿子，就代表一个完整的家庭还没有最终形成，也就不办婚礼。这是一种文化压力，女方家长也接受。

男方筹不到钱支付剩下的彩礼，这是一些人反映不办婚礼的理由。结婚后，男女双方外出打工，无法筹集到足够多的资金支付彩礼（在赣南地区，支付彩礼不完全是父母的义务，而是父母和儿子共同的义务）。因为结婚仪式的一个细节是男方要检查女方带来的箱子中是否有足够多返还的财物，彩礼没有达到约定数额，女方就无法足额地返还彩礼钱，婚礼会显得寒碜，也就不好办了。

后三种理由较为常见，其中认为婚礼"没有必要"的观念最能反映出婚礼意义的转变。传统结婚仪式需要办四次酒席：第一次是定亲酒，最后一次是结婚酒，中间两次则是宴请双方亲戚在一块吃饭。但是在青壮年普遍外出务工背景下，新的习俗是用金钱代替，酒席省去不办。"怕麻烦"是因为婚姻越来越私人化，只要通知了亲戚朋友就可以了。男方在定亲时交付彩礼，双方就形成了实质婚姻，完成了组建家庭的步骤，可以同居、外出打工、生孩子，结婚仪式就不重要了。

还有一种特殊情形是女方父母把暂时储蓄的彩礼钱用于投资，没有钱归还。支付彩礼的男方家长会仔细计算给付的彩礼（包括多次给的各类现金或实物）及对方所有花费，如果拿回来的钱过于偏离计算出来的理想数目，男方家长会有意见。在当地风俗中，男方给付的彩礼需要女方以嫁妆的方式归还。如果不归还或者归还金额过少，女方父母会被认为是不道德的，为此还引发了一些婚姻纠纷。

不办婚礼的后果是女方父母会一直留着彩礼钱。如果双方关系好，这笔钱会被直接交给女儿；如果双方关系一般，那么这笔钱客观上就成为女方父母的私人财产。因此为了要回这笔钱，有的男方补足彩礼后要求完成婚礼仪式。

三、彩礼的类型

各地区的彩礼习俗有很大差异，根据彩礼是否属于构成婚姻的要件及彩礼流向，可以把全国农村分为四个类型：

第一类，男方向女方支付补偿性彩礼的地区，彩礼由男方支付，由女方父母掌握，俗称"奶水钱"，用于女方兄弟结婚。赣南地区就属于这种类型。

第二类，男方向女方支付的彩礼又被嫁过来的女儿带回来的地区，彩礼资金成为新成立的小家庭的原始积累。江西余江农村就是如此。

第三类，在中部原子化地区（如湖北荆门、江苏苏州），男女平等程度较高，双方父母均有义务向小家庭转移财富，嫁妆和彩礼一起构成小家庭的原始积累。在江苏苏州，新婚夫妻洞房花烛夜最幸福的事情是立刻拥有了巨额的现金、独立的新房和婚车等足以支撑小康生活的物质条件。

第四类，彩礼不构成结婚必要条件的地区，男方父母对子女婚姻是有限责任，父母有帮助的义务。婚姻主要依赖男女双方自由恋爱和自行进行财富积累，女方看中的是男方的个人条件，比如工作能力、性格、长相等。四川和贵州的农村地区属于这种类型。

恰恰是在第四类农村地区，年轻男子的婚姻最成问题，尤其一些偏远贫困山区的农村积累了大量光棍，形成"光棍成窝"现象。而前三类地区，由于父母尽力帮助儿子支付彩礼娶媳妇，光棍很少。由于结婚有刚性的支付彩礼的义务，男方父母很早就注意储蓄资金，生活比较节俭。对比之下，同样的收入条件下，贵州农民外出务工多年，存款不多，消费方面显得十分豪爽，注重吃喝和人情；湖北黄冈的农民普遍有几十万元存款，能拿出来为儿子结婚支付彩礼和购房。

四、"天价彩礼"问题

最近几年，许多地区的农民工回乡有"三怕"：一怕父母逼婚相亲，二怕"天价彩礼"，三怕整酒风。很多媒体报道了一些地区出现"天价彩礼"问题，对此需要深入理解，要区分彩礼是否在合理范围内，不能一棍子打死。

彩礼是自古以来的习俗，有多样化的社会功能，在当代被赋予了一些新的内涵和社会功能，越来越表现为纯粹的货币。很多地区把彩礼要求概括为"万紫千红一片绿"，指1万张5元纸币，1000张100元的和不定数的50元的，合计金额15万元以上。有的地方流行"三斤三两"：1张新版100元人民币重约1.15克，三斤三两也就是1650克，算下来是14.35万元。所谓"天价彩礼"，指的是有的地方彩礼上涨过快，第一年10万元，第二年就涨到20万元，明显超出一些贫困地区农民家庭的承受范围。更沉重的负担还不在于彩礼本身，而是在女方要求的城市购置婚房和汽车。如一些地区讲究"三斤一动不动"：三斤百元钞票（约13万元）、一辆轿车、一套房，这个成本就有点高了。有的地方，这一套房是由男方父母支付首付甚至偿还贷款的。

"天价彩礼"由多种因素互动形成。一是宏观上人口结构失衡造成适龄婚配女性稀缺，婚姻市场对中下层男性婚姻造成挤压的问题凸显。国务院办公厅发布的《人口发展"十一五"和2020年规划》的数据显示，预计到2020年，20～45岁男性将比女性多3000万。二是农民大规模流动背景下传统婚姻圈被打破，贫困地区容易成为婚姻市场的洼地。为了能留住有限的女性资源，男方父母愿意支付高昂的彩礼。三是随着经济发展及生活水平的提高，不少农村地区的攀比风气使彩礼习俗异化。高额彩礼成为农民心理满足的手段，彩礼多少成为衡量女性地位高低的标准，成为"我家女儿值钱"的象征表达。四是缺乏伦理支撑的市场化婚媒一定程度上影响彩礼的定价，如在江西宁都县某乡镇有20多个职业媒人合作哄抬彩礼价格，从中抽利。

因此治理高价彩礼，在辩证看待彩礼习俗的同时需要多种力量介入。第一，政府应严厉打击非法鉴定胎儿性别的行为，从根本上治理性别比畸高。在男女性别平衡的地区，彩礼数额一般不高，恶性彩礼攀比也很少存在。第二，要通过政府介入、党员干部带头，主动作为，形成文明新婚俗。"天价彩礼"作为一种区域性的文化现象，是集体行动的结果，不是一个人、一个村能解决的问题。政府作为外力介入，就能打破不良文化内部的平衡。第三，要善于运用村民自治方式，发挥红白喜事理事会的作用，形成村规民约的约束。移风易俗本质上是群众工作，需要依靠群众性组织。

消费性贫困

一

"十三五"开局之年，精准扶贫是重要的政治任务，基本原则是定位贫困性质、找准贫困原因。目前扶贫研究一般从生产角度出发，想办法增加农民收入，如转移农业剩余劳动力、调整农业产业结构、鼓励农民工返乡创业等。在经济下行的压力下，农民收入的增长速度受到影响是客观事实，不过我们不可忽视另一种"贫困"，即日益提高的消费水平对农民收入增长造成的压力。中国农村早已过了温饱阶段，当前农民贫困的主要性质不是农民绝对收入少，而是"消费性贫困"。

由于农民收入不可能短期内大幅度增长，如何让一定水平的收入能够更多地转换为农民物质和精神上的福利，而不是浪费掉，成为精准扶贫的基本问题。许多基层干部和农民已经认识到这一迫切问题，亦积极探索出不少特色办法来。我们把不同于"增收"的扶贫思路称为"减支"，基本出发点是：农民现阶段的贫困主要并不是收入偏低，而是各种浪费性支出挤压了教育等人力资本方面的支出。我们以湖北省蕲春县青石镇的案例来说明这一思路的特点。

二

在工业化和城镇化推动农民外出务工的背景下，农民收入性质已经发生了重大变化，农民已经普遍摆脱贫困的小农经济。在"人均一亩三分，户均不过十亩"的家庭承包经营格局下，20世纪90年代末以来，农村经济主要以打工经济为主，青壮年劳动力常年在外务工经商，他们是家庭经济的主力，留守老人和妇女则从事传统农业。

2015年左右，在蕲春县的青石镇，一个正常家庭2个劳动力在外务工，一年能带回的纯收入达到3万元，相当可观，而农业收入占比下降到20%。该镇耕地资源稀少，人均0.6亩，户均3～5亩，主要种植水稻，再就是黄豆、玉米等杂粮，稀缺的农业资源仅能满足基本农副产品需求。集体化时代有一句话"红苕山，高粱路，条条田岸种黄豆"，反映了该地人地关系高度紧张的状况。张河咀村老书记张某回忆说："集体时期张河咀村十分贫穷，农民一个劳动日（工资）一般1毛多钱，高的有1毛4，低的9分。"

改革开放之后中国经济迅速被卷入全球化，农民有了外出务工的机会，农村资源容纳不了的青壮年劳动力就开始涌到城市打工。青石镇流行许多表明打工经济重要性的说法："不打工死路一条。""不打工生活没法过。"一个农村妇女评价打工生活时如是说："打工很辛苦，不想在外打工，毕竟这是我们的家，但是农村没出路，我也没办法。"生于20世纪50年代的老人大多在八九十年代有早期打工经历，当他们返乡时，出生于七八十年代的劳动力普遍外出务工。90年代末，当中国开始成为世界工厂，村内大部分年轻劳力常年外出务工，年老劳力则留守在农村务农，形成典型的"半工半耕"农村经济格局。

很难说有外出务工劳动力的家庭经济是贫困的，虽然农民工资性收入还不够高，尚未达到普遍富裕的水平，却比过去依靠传统小农经济的收入高得多。农村的贫困户基本上是老弱病残，他们缺乏正常的劳动力的再生产，依赖国家最低生活保障。大多数农民感受到的贫困实质上是有别于绝对贫困的"相对贫困"，农民收入增长的速度赶不上支出增长的速度，他们为维持体面地位承受了巨大的消费压力。"消费性贫困"在当地最主要的体现是农民为了面子竞争把打工所得不断地投入到建房中，挤压了其他项支出。

三

20世纪80年代以来，青石镇农民住房换了三次：80年代农民把过去的土房子换成砖瓦房；务工潮兴起后，90年代末农民普遍把砖瓦房换成二层预制板楼房；最近10年，农村开始流行新式的钢筋混凝土楼房。新式楼房兴建的高潮在2008—2015年，随着材料和人工费用上涨，目前最普通的一栋3层毛坯房至少需要花20万元，简装下来花费在30万元以上，这对农民家庭来说基本上是外出务工10年的储蓄。

青石镇农民建房一般依靠打工收入，先用储蓄加上借债把房子建好，再外出打工把剩余的债务还清，并继续打工数年为子女结婚准备彩礼和新房装修钱。打工期间，这些房屋或者由老人看守，或者紧锁大门。农民说，高大的房子并不代表富有，反而是最沉重的经济负担，有的人为了建房子打工数年，房子建好后又要打工数年攒钱装修、还清欠债。农民一辈子最重要的事务就是建房子。

对于为什么要不断地建造构成沉重经济压力的房子，农民归纳了四种原因：一是安全，"我们青石镇位于地震带上，为了安全起见必须建钢混结构"；二是隔热，夏天最上层往往很热，为了住得凉快一点，楼房需要有第三层隔热；三是风水，当地的人很信风水，觉得比别人家矮的房子风水不好，至少要跟别人的一样高，房子矮了财运和人运都被别人压住，房子建得越高风水越好；四是面子，人人都有争强好胜的心理，都不愿意比别人差，而在村庄这种熟人社会里，脸面又很重要。

基本需求实际很容易满足，隔热层并不需要耗费这么多资金，决定农民建高大楼房的根本在于面子竞争，"别人能做的，我为什么不能做？"农民之间相互比较，都不想被人看不起，在建房上即使借款，也要把房子修得高大，达到三层楼房的标准。即使房子内部是空的，外墙也要做得足够漂亮。面子竞争的文化已经深入每一个生活在村庄的个体心中，例如，一个小女孩家里的住房是1999年建设的，她的奶奶告诉我们，小女孩向父母提出建设新式楼房的要求，父母都不好意思拒绝。她的父母和爷爷都在外务工，只有奶奶在家里照料小孩，建楼为的是实现小女孩住进和小伙伴家一样的新式楼房的梦想。

四

青石镇农民肯吃苦，外出打工时间长，能够忍受的劳动强度高，这是农民建得起昂贵住房的原因。农民在建房上十分大方，把绝大部分打工储蓄用在住房上，在生活中却保持节俭，甚至到不可思议的地步。一个30多岁的年轻妇女说，她在外打工吃穿用都很节俭，休闲时间少、方式单一，很少出门，一般去市场买点日常用品，没有保养，很少买衣服。这是他们主观选择的"贫困"。

在与青石镇不同的文化背景中成长起来的人感受最强烈。青石镇镇长杨某是湖北荆门人，她近年在青石镇工作，强烈地感受到青石镇激烈的建房竞争，她说："人不穷，建房把人建穷了。"是说这个地方农民本来收入不低，却花费大额资金建房，造成农民实际上的贫困。农民普遍不把收入用到发展生产或小孩教育等其他地方，青石镇流行的是"读书无用论"，这里的农民读完高中的比例仅有50%。相对于花费几十万元建房，农民在教育方面显得吝啬。

按照一个经济上富裕的农民的说法，"房屋只能装空气，大而无用"，农民将外出打工10多年的储蓄，用于建设并无"用处"的住房，是非常不理性的。这与荆门农民理性的农村建房行为有根本的不同，荆门人的风俗是"有钱不朝屋上看"，意思是农民要向外看、要走出去。荆门农村第一轮建房热在20世纪80年代，这是与青石镇一致的。至今农民仍然生活在砖瓦房内，年轻人并不回来居住，他们认为农村房屋就是老人住的，为了种田才保存下来。生活在农村的农民对房屋进行简单装修，配备各类现代化电器设备，他们不重视村内的住房投资，而是希望积累资金，在城市购房。

面对农民激烈的建房竞争及带来的巨大经济压力，地方政府在实施易地扶贫搬迁政策中意外地创造了解决办法——实施农村规划。用当地一个标语来说是"不建无规划的房屋"。2014年，青石镇大屋村移民搬迁项目，把还留在附近山上没有能力搬下山的农户集中搬迁，这个项目的建房是政府按照规划建设，项目一共搬迁了12户。一户普通农民建房包含附属房屋占地面积为120平方米，宅基地是集体无偿分配的。建设样式是二层楼房加上隔热层，材料加上人工的总造价仅为10万元，为农村三层楼房造价的一半，并可以在装修房屋时再节省至少5万元费用。根据调查，这样的楼房完全够3～5人的农民家庭使用。前述主要为了面子竞争的农村住房建设当前已经严重偏离农民家庭正常的需求，偏离了正常的社会竞争，浪费了农民财富。

实际上，假如普通农民在过去几十年中也按照这个模式建房，就能节约大量资金用到教育等其他方面，只是各级政府和农民意识到时已经太晚了，大多数农户已经建了新房屋，节约资金效果非常好的乡村集中居住规划已无法集中实施。但这对其他地区的扶贫有启发，那就是在农村建房政策上进行微小的调整，就可以为农民节约大量资金，大多数普通农民的社会竞争压力就会减轻，农民就可以把节余的资金投资到子女教育、生活消费和社会交往中去，起到一般扶贫政策起不到的巨大效果。

　　　　　　　　　　　　　　　　　　　　　　　亦城亦乡

第三篇

农民工群体

人口流动和一家三制

　　人口流动是村庄社会结构变迁的一个重要维度。村庄调研的重要内容之一就是弄清流出村庄的人口的数量、特征，及其和村庄的关系。

　　湖北省阳新县是一个百万人口大县，也是外出务工的大县，从20世纪90年代初开始，为了摆脱山区小农经济的贫困，农村劳动力大规模外出务工。第七次全国人口普查数据显示，阳新县户籍人口110万人，常住人口80多万人，外出的有20多万人，其中绝大多数是青壮年劳动力，到沿海发达地区如广东、浙江居多。阳新县枫林镇户籍人口5万多人，常住人口2万多人，有一半以上集中在镇区，外出人口也大多数是青壮年劳动力。枫林镇人多地少，农户家庭收入的90%以上依靠外出务工。当地是山区丘陵地带，农田不多，山区资源主要用于糊口，山地经济价值不高，主要为留守在村庄的老年人提供口粮和少量货币性收入。

　　阳新的农民大多外出务工，出省、出县的比例很高。而在浙江农村，如金华市婺城区、义乌市，农村劳动力主要在本地务工经商。这是很大的差别。

　　阳新地区农民外出从事的行业主要是建筑业、制造业和服务业，从事的工种仍大多是体力的、半体力的，而且从宏观上来看，短期内无法改变。外出的男性劳动力主要从事收入高的建筑行业。比较常见的是建筑玻璃吊装（这个行业就业人数最多，枫林镇因此被称为"吊装之乡"）、锅炉制造和安装、铝合金加工和安装。这些行业收入较高，但非常辛苦，属于半体力、半技术的劳动。如建筑吊装是高空作业，具有一定的危险性，锅炉制造粉尘很大，对健康不利，这都是挣辛苦钱。男性外出务工是由家庭分工决定的，妇女即使就业，收入一般也不高，如在家乡的制衣厂工作，每月工资不超过2500元。因此男性劳动力是家庭经济的支柱，不外出务工家庭就难以运转，如难以购车、盖房和进城购房。

枫林镇坡山村的妇女郭某，37岁，高中毕业，儿子初三毕业，女儿读高二年级。为了照料孩子，郭某回家乡镇上的手套厂，做办公室管理型工作，工资每月2600元，2017年被选为村委会干部，一年收入3万元。她的丈夫常年在广州物流公司，月平均工资达到9000～10000元，但是辛苦，需要从早上9点一直工作到晚上12点。郭某介绍，她的工资收入用于支付日常生活开支，家里的主要经济开支还是要靠丈夫，丈夫寄钱给妻子，用于子女教育及储蓄供未来子女购房、结婚的费用。

从农村调查来看，枫林镇的年轻妇女在孩子八九岁时，普遍回到家乡，就近找一份工作。当前的家庭分工格局是："60后"退出劳动力市场，在家里带小孩，打零工；"70后"在外打工，他们的小孩大了，但还没有结婚，所以不需要照料孙辈；"80后"是务工的主力，其中男性常年外出务工，女性则有一部分回流照料小孩，主要是为了管教小孩的行为习惯，督促小孩学习、做作业，因为移动互联网时代的农村青少年很容易沉迷手机游戏；"90后"还没有结婚或结婚不久，小孩年龄也很小，还可以交给家里年纪不大的老人照料，这时不涉及教育问题，父母继续全年在外务工。

外出务工也形成了一定的收入分层，如包工头的收入较高，还有极少数农户在外办企业，把企业做大做强，成为大老板，到处投资。如坳上村村书记刘某，早年打工，积累了一定资金，在掌握了技术和销售网络的条件下，他开始办厂，成为千万富翁。有的外出务工成功者回乡创业，如年轻妇女柯某，在街上开了一家酒店，兼营宾馆业务，但这样的农民工非常少。外出务工形成的收入分化总体上比较弱，是阶层内部的分化。外出务工的农民有共同的特征：学历低，技术水平不高，从事缺乏保障的、体力半体力的工作，经商比例低。他们赚的是辛苦钱。

新的情况是，"80后""90后"的年轻人越来越重视教育，他们的教育观念和老一代农民有根本的不同。他们进入县城或者在小城镇购房，主要是为了孩子能够进城读书。这样一来，农民家庭的生计和分工模式就又发生了新的变化，从原来的"一家二制"转变为"一家三制"。虽然农民家庭的主要收入来源仍然是外出务工，但是农民家庭再生产的方式发生了变动。

一家三制中的"制"是一种习俗和一种较为稳定的家庭关系、分工模式，它有两个核心特征：空间上分开、角色上分工。具体来说，男性劳动力在外务工，是家庭主要劳动力；女性劳动力在家乡附近的县城、乡镇"陪读"，就近务工，是"半劳动力"；老年人留守在村庄，主要从事农业，就近协助进城陪读的女性劳动力照料家庭，多余的收入供给住在县、乡的小家庭。这是新时期农民家庭结构变迁的典型特征。

在原来，打工意味着美好生活和自由，可以有自己独立的经济来源和更多的职业选择，是摆脱家庭束缚的方式。年轻的柯某初中没有读完，就出去打工，见识外面的世界，和不同的人打交道。但是如今，在外务工已经太普通，也太辛苦了，通过"打工"突破阶层的概率并不大，农民现在认识到了学历的重要性，希望通过教育来突围。县城的教育条件好，那么就进城购房，以获得在城镇学校接受教育的资格。目前阳新县全县大约19万名中小学生中已经有大约10万人在县城学校读书，和县城学校的不断膨胀形成对比的是，农村学校不断萎缩，大量小规模学校不得不撤并。

相对于老一代农民，"80后""90后"的新生代农民工有几个突出特点，使得他们更加重视教育：一是普遍具有务工经历；二是接受过基本的"普九"教育；三是生活环境的社会分层更为明显。这些要素的组合使新生代农民工普遍认识到教育与阶层跃升的关联，对教育的重视程度有明显的提高。在访谈时，一位陪读妈妈说道："我的愿望就是让儿子像你们一样，拿笔杆子，坐办公室，所以我必须回来。"有部分农民甚至能注意到市场发展与人才需求的关系，因此有更强的意愿进行教育投入，比如一个乡镇小作坊老板表示："我们那个时候是赶上好时候了，不学习也能干出来。现在肯定不行了，什么都要文凭，所以儿子绝对不能走我的老路。"

调研过程中，我发现很多年轻人对就业市场的认识非常清晰和深刻。他们说，打工是不要文凭的，工厂技术非常简单，缺乏含金量。正规的劳动力市场需要文凭，体制内的工作尤其如此。文凭是资格，也意味着能力，考政府公务员至少需要大专学历，而且，专业技术资格证书的报考也大多有学历要求。或者说，打工是没有文化的人的宿命，有技术也是干辛苦活，吊装玻璃、扎钢筋都是体力工作，带有一点技术，却没有门槛，收入高却很辛苦。而教育是可以改变命运的。长期的务工经历、工厂招聘和大规模的体制内招聘要求，使得新一代青年认识到教育作为分层机制的重要性，认识到应通过教育获得文凭，文凭和社会地位对应程度高，打工是非正规的就业。

在一家三制背景下，生活在村庄的常住人口更少了，农村"空心化"程度加剧了。越是普通农业型农村，这种空心化程度越高，村庄越是显得萧条。我在枫林镇的坳上、五合和湖田三个村庄调查发现，农民进入县城购房的比例均在50%以上，主要是为小孩进城读书提供条件。这是最近10年兴起的。一旦小孩进城读书，家庭劳动力配置的中心就落到城市，年轻妇女就要到县城陪读，在县城就业。小孩的奶奶一般要到县城帮忙照料家庭，只是在假期及农忙季节回农村帮忙。农村就留下一个男性老人，他们从事农业生产，照料农村房屋、土地及祖坟等。

当前村庄的留守人口主要有三类，第一类是归根的老人，占了留守人口的80%以上。其特征是：住不惯城市；年纪太大，坐不了车；想要落叶归根。村书记介绍说："一个农户接老母亲到城里居住4个月，老母亲像坐牢一样。在城市无地可以种，无猪可养，无菜可种，变成了痴呆。"

第二类是留村的光棍及低保户。据村书记讲，杨柳村约有80个40岁以上的光棍，其中40个在村生活。全村有13人满60岁，成为"五保户"。低保户大多是病残导致的，家庭缺乏劳动力。在光棍群体中，有7个还没有到60岁，只能评上低保户，还有5个评上了贫困户。

最后一类是少数在村干部和其他"中坚农民"。杨柳村有5个村干部和18个村民小组长，村干部给全村提供公共服务，村民小组长负责管理组里的资源资产。服务对象主要是上述那些归根的老人和出不去村的病残人员，服务内容很具体细致，如开车送他们出村、给他们带快递、帮他们与其在外务工的子女联络。村干部还要负责对外出人口的管理：当地的信访工作；医保、社保工作（现在方便了，可以自行通过微信、支付宝缴费）；纠纷调处；计划生育（目前基本不管了）。

一个村庄的农民工素描

农民工是改革开放之后社会学研究的核心对象之一，相关的政治学研究也比较多。学界提出了诸多理论，指向不同的命题。比如经济学引入剩余劳动力学说，认为农民工构成了中国经济增长的重要因素，是人口红利；社会学引入现代化理论，认为农民工流动是社会转型的重要机制，改变了农民的职业地位、农村社会结构和城乡关系结构等；政治学则引入发展政治学理论，从"病理学"的视角，设想农民工大规模流动引发的社会结构变动，及其对传统社会结构和社会稳定的维系机制造成的冲击。

这次短期的农民工调研是在我的家乡湖北省阳新县周堡村进行的。对家乡的社会调查应该是社会学者一项基本的工作。10多年来，伴随着对社会学的学习，我也一直关注家乡，它实乃一面透镜，反映了中国农村的巨变。

家庭承包制改革解决了农业经营体制问题，农民家庭成为农业经营的主体，但是农业资源的稀缺使得依靠农业收入致富并无普遍的可能性。

农村的打工经济可以分为两个阶段。一是20世纪90年代末之前，打工经济兴起，年轻人开始外出务工（主要是男性），但工作机会不多、时间不稳定，农民还不适应；二是2000年之后，打工经济成熟，年轻人普遍外出务工，这不仅吸引年轻人，而且吸引中年人，务工收入成为绝对的经济支柱，农业收入转变为自给自足性质，主要是种口粮田和蔬菜。

由于农民工并不容易界定，村庄统计的农民工规模的数据只能是大体的。如周堡村共2400人，农村劳动力大约有1000人，外出务工的有700人左右。根据2020年春节的统计数据，省外就业有355人，属于典型的农民工。其余是在省内其他城市务工，主要是在武汉、鄂州、黄石。剩余300名农村劳动力中，很少有年轻人，主要是50岁以上的，绝大多数在本地从事非农职业，如泥瓦匠、装修工、木工、小工，其中少数做了包工头。如夏湾村村民夏甲，一直在镇村从事泥瓦匠工作，很少到乡镇以外做工。

打工所得的收入不算高，这主要是由于家庭劳动力进入市场的数量不多。根据调查，本地1个家庭一般只能将1.5～2个劳动力投入市场。影响因素有两个，一是本地的劳动力市场并不发达，中老年人不容易找到非农就业机会。而在安徽省繁昌县，70岁老人靠就近挖树，一年都能挣2万元。二是年轻的妇女在家里照料小孩的比例还比较高，"80后""90后"一般生育两个小孩，上一代兄弟姐妹多，老人照顾不过来，导致不少年轻妇女出不去。按照上限计算，夫妻二人进城，年毛收入8万～10万元，如果有一个是进入工地的泥水匠或木匠，那他一年可以拿到8万元，相当于两个进厂普工，拿回家的纯收入有5万～6万元。这些收入拿回农村，主要用于建房、日常吃喝、人情往来、子女教育、儿子结婚、购车等。少数家庭则选择进城购房。据村干部估计，全村家庭进城购房比例有30%，是2017年后才兴起的，大多是到阳新县城。约50%的家庭购置了小汽车，当中部分是二手车。进城购房、购买新车日益成为当地的一种风气，这也变成年轻男性娶媳妇的必要条件，是衡量他们及其家庭实力的标准。

农民工提升打工经济收入并不容易，存在着天花板。从90年代到现在，农民工的工资不断增长，在2020年每月平均能有4000元左右[1]，然而在打工收入得到大幅度提升的同时，能够进城购房、体面生活的却不多。用农民自己的话说，农民工要想获得高一点的收入，"要么能吃苦，要么有技术，要么会经商，要么有文凭"。"吃苦"最为普遍，其次是掌握一门技术，如成为木匠、泥水匠、钢筋匠等，再次是经商，最后是接受更高的教育。前两者较为普遍，经商则是少数人的冒险，接受更高的教育更是奢侈。大多数农民工是初中及以下学历，由于进入劳动力市场，他们失去了接受继续教育的条件，也很少去接受职业技能的培训，就业门路基本锁定。因此对于农民工来说，吃苦耐劳成为最重要的品质，这可以使他们挣到更多的钱。

村民夏乙出生于20世纪70年代中期，初中没有读完，在家里务农一段时间后，90年代初开始外出务工，从事筑路、挖煤

1　参见《中华人民共和国 2020 年国民经济和社会发展统计公报》，载国家统计局网站：http://www.stats.gov.cn/tjsj/zxfb/202102/t20210227_1814154.html。

工作，后来到附近的黄石市收破烂，因为没有资金和店面，赚不到多少钱。2012年，因两个子女读大学支出过大，他到江苏一瓷砖厂打工，一干就是6年。这个工厂实行两班倒，他一个月有一半是夜班，一班12个小时，每个月能拿到6000元工资，而当时在本地务工工资才2000元。孩子大学毕业之后，又面临着建房、买房、结婚的开销，夏乙回到黄石市一个废品加工厂从事金属切割，这份工作非常辛苦且有一定的危险性，但是报酬也很高，一个月的工资有8000元。

王某是一个中年妇女，小学没有读完就回家务农。她有两个孩子，一个读大学，一个读中专，正是用钱之际。在20世纪90年代结婚之前，她一个人到深圳电子厂打工，做了一年半就回来了，因为不适应打工，肚子会痛。回乡后，她结婚生子，在孩子一岁多时，和丈夫一起到温州皮鞋厂打工，到目前已持续了20多年，为了多找活做，中间换了多家皮鞋厂。从她的讲述中，可以发现农民工的收入由两个因素决定：老板生意好不好和个人是否吃得了苦。皮鞋的制作技术是标准化的，比较好学，她很快就成为熟练工。在忙时，工人起早贪黑、睡不好觉，经常做到夜里12点，回到出租房洗漱，到凌晨1点才睡，这样一个月能拿到8000元，甚至1万多元。王某说："做皮鞋是手工劳动，主要是要坐得住，累了就在工位上休息一会儿，每年光买枕头就买了好几个，在外面是很辛苦的，家里老人可能体会不到。"她设想，自己会继续在温州打工，一直到工厂不要她为止，之后可以回到家乡，找不那么辛苦的普工做，不是计件，而是按月发工资，能够在规定时间上下班。

　　　　　　　　　　　　　　　亦城亦乡

少数农民工重视技术培训和继续教育，在原来，这是通过学手艺实现的。在传统的村庄社会，父母大多要求读不上书的小孩掌握一门"手艺"，一般通过师傅带徒弟的方式学习。村庄老一代的木匠、泥水匠、油漆匠都是这样培养出来的，他们虽然也很辛苦，却能够获得比普工高一倍的工资。新生代的农民，他们接受了初中教育，一开始就外出务工，如果不甘于做普工，则主要是通过参加技术培训、接受再教育来提高自己。

夏丙是一个很好的例子。他生于1985年，初中毕业后不再读高中，不是他不愿意读，而是弟弟也快要上高中，家里供不了两个。夏丙初中毕业之后，家长把他送到技术学校学厨，他出来后就到县城饭店上班。他对厨师不感兴趣，又到电脑学校学习计算机基本技术，还自学了室内设计。2005年，家里花费1万多元，供他到武汉市学习高级设计课程，他毕业后在武汉打工，后来到广州工作，目前在一家设计公司工作，月薪逾1万元。

出生于1995年的夏丁是另一个例子。她解释说，当时孩子多，她的哥哥一个读中专，另一个上高中，一个弟弟还在上初中，她有一个姐姐小学毕业就辍学了。因此她自愿读到初中就不再读了，当时她学习成绩中等，可以上普通高中。2012年，她进服装厂，工资不高，扣除生活费之后全部寄回家里，供哥哥读书。打工两年后，她利用假日学习使用电脑办公软件，学了5个月，这样就能竞聘厂里的办公文书岗位。农民工中有这种意识的不多。她说："我的性格要强，不想一辈子在流水线做事。"结婚后她主要在家里带小孩，另外在丈夫工作的黄石钢铁厂上班，做办公室文字工作，一个月工资3000元，有养老金和双休。

根据务工经验，农民认识到学历是影响年轻人就业方式和收入的主要因素。农民认识到：读书比没有读书好，读初中比读小学好，读高中比读初中好，读大专比读高中好，读本科以上又比读大专要好。2005年前后，当时"60后""70后"的家长认为孩子读高中之后，并不一定能考上大学，很多考上的也还只是考个大专，出来也找不到好的工作。因此大多数孩子初中毕业后不上高中，或初中未毕业就辍学外出打工，早早进入劳动力市场。由于学历低，这部分孩子大概率一辈子都要打工。

当前的问题是，年轻父母都开始重视教育，像城市居民一样都想要子女读高中、读大学，因此高中学位变得稀缺，在县城范围内考取高中越来越难。阳新县从2020年开始实行严格的普职分流，目前只有55%的学生能上高中，其余则流入职业高中。一部分农村家长开始有目的地培育子女，投入金钱、精力。因此进城购房、把孩子送到城市接受教育、报课外辅导班也开始在农村流行起来。这和过去完全靠孩子自觉、靠老师教的传统教育方式区别开来。

农村青年的能动性

一、老一代农民工的生命周期

我在湖北鄂东青石镇调查发现，"60后"老一代农民工已经或正在陆续返回家乡，他们学历较低，进城较早，在城市就业并不稳定。他们进城主要是为缓解小农经济的贫困，返乡也主要是回到传统小农经济，从事传统农业或副业。

有两个因素促使农民工选择返乡。外部原因是户籍制度形塑了多数农民工的生活预期，锁定了他们的生活目标。户籍制度及相关的城乡分割在20世纪八九十年代还比较严格，直到90年代后期，户籍改革的基本导向仍然是放开小城镇户籍，大中城市例如北京、上海、天津依然采取严格控制的政策。内部原因则是农村家庭影响了农民工的生活预期，进城务工并不是要进城定居，而仅仅是为了获得相对高的收入，这时外出务工是农村小农经济的兼业。农民把自己认同为参与城市经济活动的人，是城市的过客而非主人。有了上述背景和原因分析，我们就可以从动态的生命历程角度建构出老一代农民工的生命周期，见表1。

表1　老一代农民工的生命周期表

18岁以下	读书阶段，憧憬务工
18～25岁	尝试务工，结婚生子
25～45岁	专心务工，积累资本
45～60岁	瞻上顾下，渐退舞台
60岁以上	离工返农，养老带孙

　　从生命轨迹来看，老一代打工者年轻的时候进城务工，年老了就回家务农，外出务工成为当时农村青年的"成人礼"，表明农村青年已经脱离家庭经济，转向经济独立的阶段。这又以结婚生子为最终脱离原生家庭的起点，结婚之前，打工者的经济是与原生家庭合并在一起的，结婚之后，打工者的经济与原生家庭分离。打工者与农村家庭的联系是：他们每年春节回家过年，过完年又返城务工，形成留守老人、留守儿童和留守妇女等现象；在城市经济不景气的时候回家休整一段时间，城市经济重新繁荣时再外出务工，农村小农经济为外出务工保底，令他们在失业时不至于恐慌。在这几十年的打工历程中，他们流动于城乡之间，把整个青壮年时期奉献给城市。一直到子女成家立业并还清了因为子女建新房、结婚用彩礼等欠下的债务，他们就算完成了人生任务，心安理得地回乡务农。这时他们的子女再外出务工，形成新的循环。

　　在"进城务工—返乡务农"的传统流动模式中，城、乡仍然是两个相对独立的领域。农民进城务工只是将城市资源带回

　　　　　　　　　　　　　　　　　　　　　　亦城亦乡

农村，他们并不融入城市，返乡后仍然从事传统小农业，农村本身的变化不大，这种流动模式并没有改变城乡关系。

二、当代青年的城市化

上述农民城乡流动的一般模式依然存在，但是2010年以来，随着老一代农民工逐渐退出，"80后""90后"的新生代农民工逐渐成为进城务工农民的主体，当他们反思自己作为"农民"或"农民工"的传统角色时，开始寻求改变，这首先表现为他们的城市化意愿。再沿用老一代农民工的生命周期来看待新一代农民工的行为模式已经不合适了，相对于大多数文献专注于解释他们为何尚未融入城市并指出外在的制度原因，我试图指出他们如何看待城市化及如何实现他们所定义的城市化目标。

当前许多地方政府推动城市化的一个重要内容是把农业人口转户为非农业人口，上级政府主要考核的也是户籍人口城市化率。实践中农村青年所认可的"城市化"并不是户籍身份的改变，他们注重的是城市化的质量，是体面进城，或者说他们要的是"人的城市化"而不是"户籍城市化"。在青石镇的调查表明，青年农民担心的不是能否获得城市户籍，而是能否在城市体面生活、找到稳定且收入较高的工作、购得起商品房和应对城市较高的生活成本。用山区农民的话来说，就是进城要"扒得住"。在山区丘陵地带，耕地主要是挂坡地，其上种植作物的选择标准是根系要能够牢牢抓住泥土和岩石，只有"扒得住"的作物才能够生存下去。这是极为形象的比喻，说明了农民面对城市化风险的谨慎。

概括地说，体面进城安居是农村青年进城的基本预期，这是从农民生活世界的角度出发得出的基本结论。在社会分化背景下，"城市化""市民化"对于农民是有特定的阶层含义的。城市在历史上一直主要是上层社会生产生活之地，农民只有极少数机会能够进入城市。在工业化和城市化的背景下，农民才有较多的机会进入城市。在传统城乡二元体制下，农民进城获得向上流动机会依据的是考学、参军和招工等行政再分配的指标；二元体制转型之后，市场机制尤其是人力资本成为影响农民工经济收入的主要因素。城市社会阶层正处于高度分化的过程中，部分城市居民的阶层地位低于农民，因此农民城市化不是简单的进入城市，而是要进入特定的城市阶层，即有体面的生活和地位的阶层。

当能否进城变成由个人社会经济地位决定，农村青年就得理性掂量自己的实力是否能够完全脱离村庄并能在城市获得体面的生活。贺雪峰教授从比较城市化的角度定义了"体面城市化"的内容："我们说的城市化是指可以在城市安居下来的城市化，而不是如拉美国家，城市贫民在贫民窟中艰难生存的那种城市化。""城市化要以就业者可以在城市维持劳动力的再生产为基础，就是说可以依靠工资收入购买住房，结婚生子，生活下来。他上可以赡养父母，下可以让子女上学读书，并过上较为有保障的生活，他才可以算作已经城市化了。若就业的劳动者依靠工资收入只能住在贫民窟中，子女不能接受义务教育，生活环境很差，甚至他们工资收入只能补贴在农村的家用，他的家庭劳动力再生产是在农村完成的，这样的城市就业者就不能算作已经城市化了。"[1]

农民城市化的主体是青年人，"半工半耕"生计结构为他们提供资源支持。青年人进城就业、定居并不意味着他们与农村失去联系，由于大多数青年农民工刚刚进入城市，他们还难以把父母接入城市团聚，也可能要依靠农村来支持他们在城市的生活。农村青年的城市化背后是整个农民家庭的资源集聚，当然其代价是留守老人和留守儿童的大规模存在。

三、农村青年返乡创业

农村青年作为能动的主体，不仅表现为新时期农村青年为外出务工即融入城市做出的种种努力，而且表现为其追求自我实现而返乡创业。这是比体面融入城市更能体现农村青年主体性的就业方式，它打破了农村劳动力长期向城市和发达地区单向转移的旧格局，和20世纪八九十年代沿海发达地区乡镇企业兴起有同样的意义。

调查发现，很多农村青年心里都有一个"老板梦"，希望"自己给自己当老板"。创业实践不仅让他们中的一部分人获得了稳定的工作和收入的提升，而且包含着他人对其社会地位的认同。尤其是有致富愿望的农村青年，他们意识到为老板打

1　贺雪峰：《乡村研究的国情意识》，湖北人民出版社，2004，第36～37页。

工永远富不起来，只有创业才能致富。青石镇外出务工的农民主要分为普工和技术工，普工月薪大约3000元，技术工能达到5000元以上。回乡创业、经商致富被认为是突破务工收入瓶颈、实现向上流动的有效策略。Z村的张某是一个典型，他生于1972年，1987年开始做木工学徒，1993年开始外出务工，直到2003年"非典"期间，他意识到："打工永远是给老板挣钱，收入只够维持基本生活，想要富裕很难。"从那时起他返乡创业，目前已经拥有3个家具店，年收入20万元以上。

创业致富的想法在20世纪七八十年代出生的农村青年身上最典型，"80后"成为创业者的主流，且越是在城市打工有较高收入者越会有这种想法。打工收入高的农村青年有一定资金积累，不愿意忍受相对没有自由的打工生活。我调查了青石镇6个村的全部38名创业者，其中年龄最小的25岁，最大的57岁，平均年龄38.3岁，集中在26～45岁之间，中老年的创业者也基本上是在青年时期创业。创业时间主要是在2000年后，尤其集中在2006年之后。可见当前的农村创业者大多是农村青年，他们在迅速占领2000年之后农村经济社会发展催生的市场。

农村青年创业的领域是多元的。在以城市为中心的工业化背景下，青石镇和大多数中西部乡镇一样，乡村工业日趋没落，仅保留砖厂和石材厂这样的初级加工厂。农村创业领域主要集中在商品化的规模种植业和养殖业，这是由农村的资源禀赋决定的。种植业主要是粮食种植业，创业机会主要来自随着务工潮、人口外流而兴起的土地流转市场。一部分土地来源于举家外出务工的农民，一部分是由于老年劳动力体力衰退，只种口粮田，多出的土地就流转出来，还有一个特殊的来源是抛荒田。它在青石镇较常见，占20%左右，除了自然地形因素制约外，主要是农业劳动力老龄化及水电路等基础设施建设滞后导致的。目前全镇4.5万亩土地，有6000亩已经流转形成38家家庭农场。规模养殖业在2000年就开始发展，比种植业还早，目前主要是养猪和鸡，养牛和羊是2010年以来新发展的领域。规模化种养业的商品化程度高，具有现代农业特质，不同于传统农业。

在农村创业的青年，由于共同的职业特征和利益诉求，出现了从个体家庭农场向合作组织过渡的趋势，这有利于创业者融入市场经济体系。分散的农村创业者掌握资金不多、规模过小、抗风险能力不强，与大市场对接困难。为了提高汲取资源和抗风险的能力，创业者开始把分散的资金、技术和劳动力整合在一起，形成团队式创业组织，具有现代企业的特征。2015年成立的益家生态农业发展公司就是一家由农村青年创业者通过众筹投资成立的销售地方土特产的平台公司。益家公司整合农村分散创业者的平台是共青团在农村组织的农村致富带头人协会。目前该协会一共整合有22家农场、53家合作社，消费者通过电商平台直接与生产者对接。

一般而言，城乡二元结构的诞生是因为城市现代性质的工商业和农村的传统农业形成了二元经济。从社会变迁的角度讲，农村青年创业者在农村建立的经济形态，具有不同于小农经济的突出特征。也就是说，市场导向的农村创业越来越深地嵌入市场经济体系，和农村青年进城务工及融入城市一样，加速了城乡一体化的到来。

农民工厂长及普通农民工

广东省中山市有一家五金公司，李、王两位厂长均是"70后"的农民工，他们是我的访问对象。

这家公司过去制衣，设两个分厂，最开始厂里工人不足100人，最高峰时劳动力达到1200人。2014年，公司放弃制衣转向五金，以生产医疗器械为主。两位厂长的月收入能达到1万元，公司为其买了中山市社保，全家都在中山，孩子也在这里读书。从经济社会地位上看，他们应该说是脱离农民工阶层了。不过他们并非完全融入了中山，他们未来的预期是回到家乡，至于其子女是否要融入中山市，成为真正的新中山人，还不确定。

李厂长出生于1976年，老家在广东省江门市，17岁初中毕业后就外出打工。2000年，他来到中山市，经过朋友介绍进入制衣行业，工资每月1500元。他从普工做到师傅，最后成为厂长，有技术，是典型的实力派。对于为何选择制衣行业，他说："一是当时进厂很不容易，需要凭关系，还有送红包；二是当时制衣行业招工多，相对容易进。"对于融入中山市，他说："（打工）20年也不是中山人，中山人就是中山人。"他在中山没有买房，现在主要住在公司的宿舍。李厂长有4个孩

亦城亦乡

子，大女儿中专毕业在深圳工作，小女儿正在读大学二年级，大儿子天生残疾，只能请人照料，每月花费3000元，小儿子在中山市上高一。对于小儿子，李厂长说："肯定要上大学，没文化怎么行，我那时是没有办法。"

王厂长，1972年出生，湖南人，也是初中毕业，1992年外出务工，2008年来到公司，目前是一个分厂的厂长。最开始工资就达到了每月4000元，属于技术人员行列，主要是负责医疗器械的生产和技术研发。他的妻子是厂里的焊工，计件领工资。最高峰时，她月工资能有八九千元；不景气时，每月也有四五千元。他有两个儿子，大儿子26岁，大学毕业已3年，目前在中山市沙溪镇就业，小儿子16岁，在中山读中专。他本打算2020年在中山市买房，最后还是选择回到老家县城购房，面积150平方米，每平方米6000元，比中山市房价低得多。

这两位厂长属于"精英农民工"，是农民工中的成功者。然而他们依然难以在中山市买房，也不准备在此安家。论其原因，一方面是中山市属于发达地区，房价很贵，平均每平方米超过1万元，他们作为厂长，工资也不过1万多元，而且不是体制内的稳定工作，难以承担过重的房贷压力。另一方面是他们这一代人的认同并不在中山市，王厂长说："虽然我和本地人打交道比较多，很多朋友都是中山人，比如厂老板、同行业比较高一级的——车间主任、厂长等，但我也不会在中山买房。我在中山只是个过客，还是要回老家落叶归根。打工打到退休为止，就回老家农村。农村空气好，有人情味。城市没有多少亲情。"两位厂长和本地人打交道多、社会关系发达，但这没有影响到他们对当地的认同感。

厂长的主要职责是管理工人，管理能力最为重要，这是通过长期积累、学习形成的。工厂的管理主要包括：生产安全管理，这至关重要，下面会说到；考勤工资管理，涉及工人核心利益；技术管理，厂长按照要求执行统一的产品技术标准；日常福利管理，如供给免费的工作餐。厂长还需要调解工人之间的矛盾、向工人传递各类政府公共服务和政策信息，如积分入学、社保管理、反诈骗等。

总体上，工人工作安全程度高，并不怎么危险。"最危险的就是与开机器相关的生产工序，比如冲压等。10年以来，只出过两三例安全事故。"目前李厂长在生产安全管理方面采取了多种措施：每周要开半个小时的生产安全会，督促员工要注意安全；厂长会在现场督促教导，也会有对工序比较熟悉的老员工教授指导新员工或普工；要到五桂山街道进行安全学习，同时还要考安全管理证，有证件才能教授；每天检查员工是否按照要求佩戴防护用具，比如切管要求戴耳塞、烧焊要戴护目镜和口罩等，还要检查消防栓和灭火器等消防设施，厂里每个月都有专人去车间检查，政府也会不定期抽查。

上述两位厂长都不仅懂管理，还懂技术。但这并不是指多么高深的专业技术，厂长只需要懂得技术的标准并且指导、监督工人执行即可。

从阶层的角度分析，厂长不是工厂的投资者，并不是"老板"，而是典型的受雇用的中层管理者。他们的地位，包括客观的经济社会地位及主观的地位认同，介于工厂老板和普通农民工之间，且更靠近农民工。他们的特征是处于中年、长期务工、懂技术、懂管理、善于处理人际关系。对于中小规模的工厂来说，厂长并不是高薪职位，他们的高工资只是相对于农民工而言的。他们的好处是不需要加班加点，也相对自由，不用待在工厂流水线上。他们的家人可以在中山市居住，虽然依旧可能承担不起当地的高房价，却可以保持家庭的完整，子女在中山市积分入学，他们也负担得起中山市私立学校的学费。从这个意义上看，农民工很难通过成为"厂长"而融入大城市，因其在务工及管理岗位上很难积累足够多的经济资本。

厂长和一般的"城市中产"不同，后者中比较典型的是进入城市的大学生，他们在体制内就业或从事大中企业的技术性、管理型工作，要么有体制保障，要么掌握专门技术，收入相对高且有保障。他们是可以融入城市的。尽管短期内，他们在一线城市实现经济自立还相当困难。有人说，在深圳、北京这样的城市，年收入没有20万元根本没有可能立足，更不可能有体面的居住条件。

由此可见，农民工要成为真正的"城市中产"非常艰难，因此比例非常小。至少在"70后"这一代中年农民工里，能融入打工地城市的少之又少，他们最终是要回到家乡的（回到村、集镇或县城都是可能的）。就如李厂长这样的"高级农民工"，仍然要回到老家县城购房，预期回家乡养老，年轻的子女则继续在外面奋斗，寻求更好的就业机会，尝试融入城市。

对普通农民工，两位厂长进行了非常详细的介绍，点出了当代制造业农民工的特征。

据李厂长介绍，工人工资收入一般在每月五六千元，最高1万多元。工作时间是8小时，一般情况会加一两个小时的班："厂里根据订单的多少来决定工人是否加班。工人肯定希望订单多，出来打工不容易，都想多赚点钱。由于最近两年经济不景气，订单减少，加班减少。因此工厂员工走了十几个。其中有两三个技术人员，能拿1万多工资。"剩下的员工就比较稳定。"他们不会无缘无故离开，要走早就走了，没有其他心思。"主要是公司待遇好及工人习惯了工厂。"一是公司包吃包住，其中宿舍很舒服，一厨一卫一卧室，面积有20～30平方米。只要一人在公司住，全家都可以住。我的儿子暑假就在宿舍做饭。孩子上学后，我就吃厂里的免费餐。二是工人工作习惯了，熟练了，不想再换工作。"

工厂的福利主要分为五类，社保占比最大。一是车费补贴，主要适用于员工回家过年的情况，统一按照一次300元发放。二是工龄奖，每年按照15%递增。三是全勤奖，根据公司要求，工人每月上班26天，奖励30元。四是高温补贴，这是政府严格要求的，企业必须给员工发放。五桂山街道有专门的企业群，街道领导会在群里发布补贴信息。五是社保，公司给所有员工都购买了社保，目前每人每月公司出600多元，员工出200多元。"以前员工是不知道，现在员工都知道，比较关注，毕竟这关系到员工自己的切身利益。新员工都会要求买社保。现在员工知道社保用处很大。一是住院可以报销，且退休后有退休金；二是主要由公司出钱，个人只出一部分。"这和我在浙江金华调研遇到的小厂、工地不同，可能和行业有关。

在制造业工厂的工人就业稳定、工资较高、处于中年，对社保有需求。不过全国总体按照城市标准缴纳社保的人的比例仍然不高。

工厂男女性别平衡，绝大多数已婚，单身的只有4个，男性主要负责焊接、喷粉等工序，女性则负责产品组装。工人普遍在厂里工作了很长时间，一般8～10年，主要来自广西、湖南和安徽等省份，只有几个本地人。他们的文化程度大多是初中，有些人有高中学历，年龄则分布在40～50岁之间，40岁以下的非常少。从收入、加班情况、年龄和学历来看，这是一家典型的制造业工厂，不同于新型的互联网和相关服务业的用工特征。

李厂长还介绍说，工人在工厂感觉还是比较好的，一般可以长期做下去。"一是哪里打工都一样。工人在这个厂里已经做熟了，习惯了，不想走来走去。在这里是打工，去其他地方也是打工。二是认真做事工资自然就会提升。工人性格朴实，做事认真，懒懒散散的情况比较少。不认真做事，老板也不要。只要认真用心做事，老板和师傅都看得到的，也会加工资。"对于老板和工人之间的关系，王厂长讲了一句很经典的话："老板赚了钱，工人工资才会涨。相辅相成，相互成就。"在微观场域中，老板和工人的关系更多是合作的，有订单老板赚钱，工人也能够赚钱。农民工的逻辑并不是劳工理论所关注的劳资冲突的逻辑。

工人都是在流水线作业，一件产品的生产分为多道工序，主要有切管、烧焊、冲压、抛光、组装等。除了少量工序发包给其他工厂外，绝大部分都是工厂自己加工。"生产工序分得很细，每道工序就较简单。工人掌握这个工序，达到标准的质量要求，只需要半个月。如果想要成为一名熟练的工人，至少需要半年。"工人一般只负责某一道生产工序，主动学习其他生产工序的并不多。"由于工资采取计件制，工人只要更加熟练，就能提升效率，花更少时间，就能生产更多产品，赚到更多的钱。"所以工人难有动力去提升自己。

工人也有一定的消遣娱乐。"在工作以外，工人主要是在宿舍看手机，看电视，喝啤酒聊天，去江边钓鱼，爬爬山，到水沟里摸鱼抓虾。"周边村以及当地政府过年过节会放电影、举办演唱会等文艺活动，通常一年两三次。"政府主要是通过微信群宣传，希望员工参与。很多员工不愿意去，懒得走，90%都是低头族。不是打游戏，就是看抖音，什么都看，看笑话最多。经常听到他们哈哈大笑。"

对于农民工的工资，这里再讲几点。工资普遍采用计件制，这有利于管理。农民工正常的工资水平，把加班（一般两个小时）工资都算上，一个月能拿五六千。景气的时候，一个月能拿1万多。不景气时候，工资只有三四千。最低时，为了留住工人，也会保底，每月2400元。技术性很强的工种，如焊接工每月能拿到1万多元，这个工资赶得上厂长了。这种工作既需要技术，又要吃苦耐劳。按照王厂长的说法："一般负责的工作多，工资就高。吃苦耐劳无意义，光吃苦不会做也没用。"

我们一般将加班理解为强制性的、不平等的，或者是一种"文化"（比如互联网大厂的"996"文化）。从普通工人的角度来看，加班是受欢迎的。"普工加班一般两个小时，不超过3小时，可收入60元。如果企业订单多，就会排单，分派任务。工人也喜欢加班。"

一位工人说："工人的工作时间一般是8到10个小时，从去年到今年都没有加班。由于赚不到钱，35岁以下的工人都走了，有十几个。对于他们而言，家里有很多负担，上有老下有小，不赚钱养不活。剩下的员工年龄都在40岁以上，工资每月五六千元，他们年龄大了也不好找工作。"其他工人为什么能够留下来？有一个原因是："继续工作，企业买社保，去其他厂可能都不买。买满15年，一个月至少一千多，养老是可以的。"这就可以解释，为什么在制造业工厂中的中年农民工比例大，年轻农民工一旦遇到工资低的情况，就要流失。

有人说，能不能不让工人加班呢？比如说提高正常上班时间的工资，满足工人所需，工人就不用加班了，工厂多招工人也可以不用工人加班。但是卷入市场经济体系的制造业的逻辑并不是这样的，强制改变是不可能的。一个简单的逻辑是，在最低工资很难提高的前提下，工厂计件付工资，工人多劳多得。工厂订单是不稳定的，是时多时少的，如工人说的，"忙季忙死、闲季闲死"。忙的时候，工人感觉到累，但是能拿更多的工资；而闲的时候，虽然轻松，心里也很慌，因为出去打工就是为了多赚钱，闲的时间多了，就不得不另外找工作。

农民工随迁子女问题是学界关注的重点。按照中山市政策，公立学校实行积分入学，总计需要360积分。大部分工人并不关注，因为小孩子并不在这里读书。李厂长工厂里有50多个工人，包括厂长在内只有4个人的小孩在本地读书，厂长和一个电工的孩子读公立学校，另外两个孩子读私立学校。上私立学校学费昂贵，少则1万多元，多则两三万元，再加上生活费，读私立学校的小孩一年最低花费两万多。就学困难也是工人不把孩子带在身边的原因。

社保和分层

一、浙江农村的社保

社保是把农民纳入国家体制的方式，是影响农民社会分层的重要变量。随着经济社会发展，社保收入不断增加，成为人们直接享受经济社会发展成果的方式之一。在浙江省金华市婺城区的农民看来，有了社保就能享受退休金，就摆脱了"农民工"的身份。

在婺城区农村，享受社保退休待遇的老年人特别多。社保比例的上升影响了社会分层的机制和农民的群体心理。有社保的老年人可以休闲，可以外出旅游，只需要打点下菜园，不再需要通过劳动挣钱。有一些老年人出于习惯，还在继续劳动，但并不是为了赚钱。老年人大比例拥有社保也对中青年有很强的示范作用，所以即使是灵活就业人员，也要设法购买社保（这一政策是大多数地区都有的）。

调查发现，在普通的农民家庭，至少会有一人购买社保。开化村有一名30多岁的妇女，她在村庄小作坊做手工，每个月挣3000多元，没有社保。丈夫在附近工厂上班，是有社保的工作，这样就确保了老有所依。

开化村地处公路边，靠近镇区，具备区位优势，因此征地多，享受社保退休待遇的老人也就特别多。村里的统计资料显示，户口在开化的老年人中，60～80岁的395人，80岁以上的79人，一共474人，享受社保待遇的有296人，包括三类：失地农民社保、退伍军人社保和自行在企业缴纳社保。失地农民社保是政府征地分配的，1998年政府开始实行这项政策。政府按照征地规模来计算可以分配的社保指标。如果是未分配的集体土地被征用，社保指标归村集体分配，可以用来拍卖。农民不太重视征地补偿款，但很重视社保指标。在放开了灵活就业人员缴纳社保之后，社保指标就不那么稀缺了。

在征过地的村庄，村集体都拍卖过社保指标。在2010年之前，一个社保指标的价格达到几万元。有的农户的失地面积不足以享受一个社保指标，就需要向集体或者其他农户购买零点几个指标。有的农户不想要指标，因为还需自行缴纳社保金，干脆转让出去，获得几万元现金。退伍军人社保是2015年后才有的，达到一定条件的退伍军人，可以享受社保指标，国家为其缴纳社保金，待遇和失地农民、企业退休人员差不多。目前开化村的社保待遇在每月2000元以上。如果是干部或教师，因缴费基数高、时间长，退休待遇更高。开化村某小学退休老师的月退休金是8000元。参加新农保的人员，根据个人缴费不同和退休时间不同，待遇在每月180～350元。另外，村集体还会给所有老人发放每月100元的养老补贴。

按照村会计的估计，2021年后退休的老人中将有90%以上都能享受社保。因为目前的中年人都购买了社保，他们有意识

　　　　　　　　　　　　　　　亦城亦乡

地进入能够提供社保的企业，即使是自雇，也会购买灵活养老保险。

二、湖北农村的社保

比较而言，在中西部农村，有社保的人是极少数，村干部一般也没有社保。

在湖北省阳新县，县域城乡人口可以按参与社保的方式分为五类：体制内人员，包括干部、教师、医生群体以及大型国有企业工人，每月一般有4000元以上的退休金；普通企业退休职工，每月有2000元左右；失地农民，享受国家提供的失地养老保险，每月1000元左右；普通城乡居民，主要是农民，享受人均每月115元左右的国家养老金，主要靠自养（种地、打零工）和家庭养老；特困供养老人（又称"五保户"），享受国家兜底福利保障，月供养金约800元。其中，第二类和第四类占比最大。

第二类人员主要是农民工，由于阳新县地方财政薄弱，大量青壮劳动力流出（约28万人）。在县城内就业的农民缴社保积极性不高、参保人数不多，但退休人数很多（破产企业的退休职工、"社保扩面"挂靠企业的职工），阳新县社保压力非常大。人社局工作人员介绍说："参加企业保险的有12.7万人，退休的有5.6万人，人均每月养老金2100元，这块支出，每年就需要10多亿元。"按现在的工资水平，在职人员参保年平均缴纳0.8万元，需要3个人参保才够支付一个退休人员一年2.4万元的退休金。

第四类主要是农村老人，还包括缺乏能力参加城镇职工养老保险的部分"城市居民"。以一个乡镇来说明。阳新县龙港镇有12.9万人，2021年城乡居民养老保险参保人数为31096人，占比24.1%，60岁以上享受国家养老金人数为1.14万人。民政部门工作人员介绍说，养老保险缴费标准从400到5000元不等，分为13个等次，最高档每年缴纳5000元，如果缴15年，退休后可每月领取约660元的养老金，基本能够满足日常所需，但目前缴这一档的比例不足1%。该镇大多数农民缴的是最低档，退休后每月能领到180元左右。

农民之所以不愿意缴纳高档次养老金，和经济能力有关，也和社保意识不强有关，弹性的、缴费标准低的城乡居民养老保险更适合他们。农民缴得少，退休时的收入也自然较少。目前城乡居民保险需要缴满15年才能转为城镇职工保险，总计需投入13万元以上的保费，还不允许一次性补缴。农民认为不划算，大多也拿不出这笔钱。阳新农民的基础养老金包括两部分：政府方面，中央和省级政府出108元，地方政府出7元，个人方面，按缴满15年计，工龄工资有15元，每月共计130元。自行缴纳养老金的并不多，农民退休后的养老金收入每月一般不超过200元。

另外有大量外出农民工并未参加城镇职工养老保险，参保人数增长缓慢。据调研，2016年参加城镇养老保险的农民工占比为21.09%，2017年占比为21.65%。农民工不参保的主因并非社保制度有问题，而是他们的经济收入有限、就业不稳定。在经济收入有限的前提下，农民工更希望获得现金收入，放弃社保就能获得较多的现金收入。按照城市社保缴费标准，个人缴费部分超过个人收入的10%，如果把企业缴纳的部分算入，则超过20%。农民工的收入不高，如果不节约，几乎没有储蓄，所以大多数人只能放弃参加城镇职工保险，转而缴成本低的城乡居民社保。

第四篇　工业化农村

工业化农村地区的分化模式

一

在不同的经济基础和制度安排条件下，社会的阶层及由这些阶层构成的社会结构不同。对此有两个讨论维度：社会分层模式和社会不平等。前者关注社会变迁的过程，如工业化和技术发展背景下新的社会资源和角色不断出现，后者则更多关注社会资源在不同社会成员之间的分配状况。目前学界过于关注后者而忽视了前者。

20世纪90年代以来，学界认为中国日益走向不平等，社会形成了巨大的断裂，主要表现在由于存在一个庞大的底层农民和农民工阶层，形成了"倒丁字型"结构，构成了社会冲突和紧张的社会基础。但相比于很多发展中人口大国出现了大规模的贫民窟，流动人口成为社会不稳定因素，中国社会总体上保持了稳定。其原因是工业化带来大量非农就业岗位，推动农民外出务工，提高了农民收入。同时农民工依然和农村保持联系，农村为他们提供基本的生存条件。

原来我们对中西部农业型农村关心较多，很多研究都显示，那是去阶层分化的社会。务工潮初期，出现了有农民工的家庭和无农民工的家庭的分化。在农民大规模外出务工之后，这种分化在大大地缩小。在东部沿海发达地区，农村总体上工业化了，为当地农民提供了大量的资源和新的机会。但是在不同的农村，工业化带来的社会结构变更差异很大。把这种差异描述出来并加以合理解释是学界的重要任务。

二

20世纪80年代以来，社会学界十分关注的是发达的工业化村庄的社会变迁，从费孝通先生对苏南小城镇和农村工业化的调查开始，学界一直关注乡村都市化、超级村庄、村庄的终结、城中村等话题，发表了很多论文。改革开放40年来，发达工业化农村地区的社会结构已经相对定型，不同区域的经济、社会和历史条件不同，形成的社会结构也大不一样。

北京大学王汉生教授的一个早期研究意义重大。[1]她认为改革开放后，中国农村发生了显著的社会分化，分化既表现在空间（区域）、组织和个人等不同层次上，又表现在经济、社会结构、发展模式等不同选择上，既是横向的社会异质性的增加，也是彼此间地位（收入、权力、声望）差距的拉大。因此这种分化不仅是功能分化重组，更是结构性的社会变迁。

王汉生教授认为组织工业化的方式是影响社会结构的关键

---

1 王汉生、阎肖峰、程为敏等：《工业化与社会分化：改革以来中国农村的社会结构变迁》，《中国农村观察》1990年第4期。

　　　　　　　　　　　　　　　　　　亦城亦乡

变量。组织工业化方式的差别是各个农村社区在一定条件下独立选择的，这种选择空间是改革开放后由国家赋予的，具有合法性，体现了总体性国家的瓦解过程。组织工业化的方式依集体化程度分为高集体化和低集体化，即社区共享资源在社区总资源中的比重的多和少，实质上是党政组织直接控制资源的程度。20世纪80年代，费孝通等社会学家关注的是根据自然、经济和社会条件形成的多样化地域性经济发展模式，概括出苏南模式、珠三角模式和温州模式。王汉生教授用集体化程度来度量，认为工业化程度、集体化程度相互作用共同塑造了一个地区的社会结构，并据此提出了四种农村社会结构类型：高工业化、低集体化，如温州地区；高工业化、高集体化，如苏南地区；低工业化、高集体化，如人民公社时期的农村；低工业化、低集体化，如目前中国大部分农村。

对于两类高工业化农村在发展中面临的问题，王汉生教授提出：对高工业化、低集体化地区，要素的合理配置可能要付出较高的社会代价，这类地区应在进一步完善市场机制的同时加强宏观调控，增加一定比例的积累；在高工业化、高集体化地区，主要问题则是行政化的负面影响，包括社区壁垒导致资源无法合理配置、社区发展的惰性、社区成员的依赖心理、行政对经济的过度干预等，因此有必要引进市场竞争机制。

王汉生教授还提出了重要的类似于互构论的观点：一定的工业化发展方式形塑了社会结构，同时社会结构也会制约工业化发展方式的选择，成为路径依赖的重要力量，集体性的结构性压力限制和规定着社会成员、组织和社区的发展和选择空间。

我延续这种研究思路，聚焦20世纪90年代以来不同地区的"集体"（地方社会向其成员分配工业化剩余的制度安排）实际运作逻辑的差异及这种差异的影响，尝试分析在市场和行政配置资源外，集体作为农村基层基本制度之一是如何影响农民的收入结构和村庄分化的。

如从形式上看，苏南和珠三角都属于高工业化、高集体化地区，但在后续的社会变迁中走上了完全不同的路径。苏南地区政府迅速调整了经济发展方式，打破了原来建立在社区集体基础上的乡镇企业及社区壁垒，在更大区域内实现社会公平和城乡一体化发展。而珠三角地区政府很难打破这种壁垒，由于集体土地资源难以整合，建立在集体土地非农化收益基础上的集体再分配能力的分化扩大，成为工业化和城镇化进程中的主要社会矛盾。苏南和珠三角实践的是两类完全不同性质的"集体主义"。苏南地区，个体农户服从集体，集体服从国家，形成弹性边界的整体性"集体主义"。当国家政策调整时，集体工业化很快转型，服从于区域工业化。珠三角地区，国家与集体存在一定程度的割裂，集体服从个体，是封闭边界的个体性"集体主义"，本质上是一种建立在集体资源共有基础上的"个体主义"，深刻地影响了当地农村社会结构的面貌。

虽然我们知道，苏南有很强的"社会主义"传统，珠三角有"大宗族"的传统，然而这不足以解释上述的不同，还需要结合历史条件共同来解释。一种典型的社会学解释是，工业化组织方式不同，这深刻影响着农民生计模式、农村社会的结构、农民和城市的关系、农民和集体及国家的关系。据此可以将农村社会结构的类型总结如下：

以集体乡镇企业为基础的工业化路径→农民以就业方式参与工业化→农民从集体获得了就业及基本保障→形成了强国家、强集体的整体性集体主义观念。

以外来企业为基础的工业化路径→农民以土地权利参与工业化→农民从集体获得了土地分红→形成强集体、弱国家的个体性集体主义观念。

三

接下来具体地谈不同工业化地区的农村社会结构，首先是苏南地区。苏南地区在20世纪90年代经历了乡镇企业改制和城市工业园区的扩张，到2000年之后已经很少有集体性质的乡镇企业，活跃的是私营和外资经济，集体仅仅扮演收取土地和厂房租金的角色。在20世纪90年代之前，苏南农村表现出明显的集团性分化，工业发达的村庄在90年代初就可能达到"亿元村"的水平，农村劳动力转移程度很高，集体内部福利也较好，而工业不发达的村庄农村劳动力转移程度低，集体福利也较差。

2000年之后工业化大发展，地方政府借助征地拆迁推动工业化剩余向全部农村地区和农民平等分配，主要包括"土地换社保""宅基地换房"两项政策。以苏州为例，这些政策已经惠及大多数农民，在过去因为村庄工业化程度不同而造成的就业和福利差距被政策抹平了。地方政府通过政策很容易破除村庄工业化，也很容易调节村之间的利益，村集体很少有可自由支配的利益。比如说拆除厂房，不同村集体工业厂房数量不一样，政府补偿也不同，有的村补偿资金超过一个亿，有的可能只有几百万元。为了保障村级运转，地方政府在财政再分配中就采取补差的方式：穷村开支由财政兜底，在2015年，一个中等规模的行政村一年需要300万元的运转经费。富村则从集体经济收入中支出，且每一笔开支都要经过乡镇批准。即使集体产权制度改革后允许分红，也必须控制在很少的范围内，防止分光吃尽和集体之间攀比引起矛盾。

在保障了村集体和个体农户基本福利的基础上，生产要素资源（主要是土地）全部进入市场配置，突出表现在工业园区的建设彻底破除了王汉生教授说的"社区壁垒"。个体农户在市场竞争中占据什么位置主要取决于个人人力资本而非集体成员身份：当地社会上层是拥有大量资本的私营企业拥有者；中上层主要是各级政府公务员、事业单位专业技术人员和村社区的主要干部；处于中层的是有正规就业、住房、养老和医疗保障的普通劳动人员；中下层则是缺乏正规就业及劳动能力的农民。总体上苏南农村已经高度工业化，政府发挥了强有力的财富再分配作用，中上层和中层构成社会的大多数，前者年收入在20万元以上，后者约10万元，中下层很少且有较好的社会兜底。这已经是典型的现代工业社会的社会结构，又具有中国特色社会主义的特征。

苏南地区政府为什么要变革经济发展方式？20世纪90年代

中期后，农村集体乡镇企业的弊病显示出来：一是行政化的管理不利于资源优化配置，在与浙江私营企业和珠三角外资企业的市场竞争中很快落败；二是乡镇企业"小散乱污"特征不利于经济转型升级。针对这些弊病，地方政府迅速推动农村集体乡镇企业改制，建立工业园区，改变传统经济发展方式，典型是1994年建立的苏州工业园区。20多年的历史表明，苏南的经济发展转型取得了巨大成功。

从实地调查来看，苏南地区的农村社会结构变迁经历了下列三个基本的过程：农村工业化—城市工业化—就业非农化；小城镇—中心城市的发展—人口迁移和城市化；城乡一体化的政策取向—提供保障住房和社保—普遍的市民化。随着工业化的扩张，农村工业化转变为城市工业化，工业化把全部的农民都变成非农就业者，村庄社会非农化。由于工业化带动城市聚集更多的高收入机会，聚集优质的教育、医疗和社会资源，农村和小城镇的农民日益被卷入或主动融入城市，农民和村庄的联系日益微弱，很多村庄空心化。在这个自发进行的过程中，政府尽量拉平村庄福利差异，并推动了大规模的有组织的市民化，农民户籍身份转为市民，平移到按照规划建设的一个个的新型居民小区，终结了传统农民和农村。

从总体来说，苏南这种现代社会结构的形成，需要工业化的扩张、城乡一体化取向的政策调整与合适的社会条件共同起作用。而在珠三角农村，工业化扩张就遭遇了封闭的社区集体的壁垒，农村经济发展方式的现代化举步维艰。20世纪70年代中期，苏南农村就开始依靠地理区位优势发展以集体乡镇企业为主体的工业化，这个过程中地域性的中心城市支持农村，乡镇企业则利用农村廉价的土地、劳动力和全国性市场迅速发展。

和珠三角、浙江不同，苏南的乡镇企业是集体性质的，也是行政高度控制的。国家在土地、资金、技术和劳动力等方面的政策性支持是乡镇企业发展的必要条件，其次是村庄经济能人的作用（同样政策条件下，有的村发展为明星村）。企业发展所需资源是行政高度控制的，具体执行者则是村干部，他们向各个企业派出管理者，企业发展所需资金主要靠集体自身积累。农民成为个体劳动者，安置农民成为村集体的基本义务。在工业化不发达的村庄，村干部安排农民就业是非常大的权力。这个时候农村地区的分化主要出于村干部个人能力不同，尤其是一把手村书记的能力，这些能力包括善于经营"市场"、整合村内资源、争取政府资源。农村内部的分化则表现为村干部、转移到非农产业的工人和普通农业生产者之间的差异。

村庄工业化的剩余是归村集体干部支配的，大多数被用于扩大再生产、公共品建设和村庄管理，用于福利的部分很少，不存在分红收入，农民也从来没有要求分红。原因是农民认为土地是集体的，集体企业给农民提供就业，使得自己从土地上解放出来。这种工业化发展方式条件下，农民难以建立通过承包土地参与工业化的地权意识。当政策调整，决定采取更有效率的发展方式，变革农村土地制度时，农民也不会集体抵制，而是表现出顺从。况且在经济发展方式转型过程中，农民凭借其身份获得了更多、更公平的福利，因此农民是积极地支持国家的，是急切地盼望政策早点到来的。

四

珠三角的农村工业化从20世纪80年代就开始起步。一开始是外来资本建立的劳动密集型的电子、玩具、服装等制造工厂，这些工厂旨在利用内地农村便宜的土地和涌入珠三角的廉价劳动力。到目前为止，珠三角基层乡村的工业依然主要是劳动密集型的产业，形成了若干产业集群。

村集体在这种工业化中的主要功能是提供廉价土地。最开始是和本村有一定社会关系的老板将外资带进来，很快由于区位优势，外资大量涌入珠三角农村，工厂遍地开花。一开始这些工厂利用的是一些闲置的仓库、校舍和集体工厂厂房，当这些存量土地不够用时，集体就直接把土地提供给这些工厂自行建设。有一定的资金积累后，为了增加收益，集体就集中盖厂房出租给这些外资。

工厂越多，集体土地非农化建设规模也越大，在珠三角工业发展的核心区，村集体土地已所剩无几。由于收益主要来源于土地租金，各村庄收益差异巨大：在区位优势明显的村庄，如深圳宝安区机场附近的H村，由于工业改商业、房地产，村集体土地增值成千上万倍，每年人均可以分配近4万元。更大的分红来源于房地产开发中集体所得商品房的分配，估计一个家庭就能分配300～500平方米，当地农民成为非常典型的土地食利者阶层。在区位优势中等的村庄，如中山市西郊的L村，依靠商铺开发，村集体经济年收入7000万元，每个人大约能够分配1.3万元。农民成为半工半租的阶层，具有一定的食利者特征。而大多数没有区位优势的村庄的集体收入可能就只有几十万元到几百万元，扣除开支后，很难有什么分红，农民只能依靠外出务工维持生计。总体而言，珠三角的不同乡镇和村庄（主要是自然村），集体经济收入差距极大，农民从出租房所得收入差距也极大，形成了比原来苏南农村更强的集团性分化。有了如此多收入，珠三角农民中也就很少有苏南和浙江农村里那样的创业者，他们也并不羡慕依靠学历、技术和管理能力获得公职身份的人。

在农村社会分化过程中，地方政府没有如苏南地区一样形成再分配能力。土地被认为是村集体的，通过股份制改革，土地权利已经作为股权确认给农民。村集体依靠土地获得收益，给农民分红。地方政府向村集体这个经营土地和厂房的"企业"收取比一般企业少很多的税费，如上文提到的L村每年收入7000万元，只需缴纳约130万元税费。对缺乏区位优势的村庄，地方政府仅提供转移支付维持村两委的基本运转，如果有开发潜力，政府也会帮村集体招商引资和提供土地指标。L村村干部称，村集体是"大公司"也是"小政府"，这生动地概括了村集体的性质。珠三角农村每一个集体经济组织就好比一个股份公司，公司经营的好坏关系到农民个体利益，同时在村民自治制度下，村集体又有维持村庄内部基本秩序的义务，完成自上而下的行政任务。

因缺乏地方政府强有力的介入，珠三角以村为主的分散工业化很难如苏南一样转型为大型工业园区。在珠三角的核心区，农民家庭形成了半工半租的收入方式。由于村集体给农民提供巨大的收益，农民也没有强烈的进城愿望，城市规划实施遇到严重的土地障碍，城市建设支离破碎。

为什么珠三角农民强烈反对政府主导的工业化和经济发展方式变革呢？为什么农民利益和政府利益形成了尖锐的对立呢？答案还是要到农民和土地利益的关系中去找。珠三角的农村工业化发展依赖区位优势，越是处于核心区的农村，农村工业越是繁荣。工业化带来了集体非农化，村集体要动员农民把承包地拿出来统一出租给外资。工业化的发展是外资带来的，工业化给村集体带来的租金收益和村干部个人及政府无关，这些租金收益是集体的，应当分配给农民。就在这种工业化模式运转之初，当地农民就形成了这种地权意识。土地利益越是扩大，这种应当分红的地权意识就越强。在这一背景下，政府要主导经济发展方式变革，统一征地拆迁，就必然面临如何处理土地之上的农民既得利益问题。在苏南，不存在这种农民在土地之上的既得利益。而珠三角本就有的祖业权的传统地权意识，强化了有组织的反对力量。不仅政府征地修建工业园区、开发房地产很难，即使征地修建公共基础设施也举步维艰，因为农民预期在每一寸土地上都可以获得巨额的利益。

五

工业化背景的农村社会正在快速分化。这种分化在不同地区表现出很大的差异，它和组织工业化的方式有关，一定程度上是组织工业化过程形成的社会后果。

其中关键是要分析农民在工业化中扮演的角色，是劳动力的提供者还是土地的提供者。前者的依据在于，随着人力资本的分化，农民转化为现代市民，对政府主导的经济发展方式转型持欢迎的态度，因为经济发展有利于村庄和农民的福利增加；后者的依据则是，因为占有土地的分化，农民难以转化为现代市民，坚持主导土地资本化，对政府主导的经济发展方式转型持排斥态度，传统农村工业化方式难以终结，因为这会损害他们从土地上获得的既得利益。即使在有些地方，这种利益随着传统工业的衰落而日益减少，但从土地上获得特殊利益的地权意识依然存在，影响着经济发展方式的改变。

未来还需要把更多发达地区纳入比较分析。这一来可以增加对中国经验的把握程度，中国是一个大国，其内部不仅有经济发展水平的差异，还有巨大的社会结构差异；二来可以不断增加对中国经验的解释力，能够回答"中国为什么能够崛起""为什么自上而下的政策实践出现了那么大的差异"等问题，这需要我们不仅有宏观的视野，还要深入到人们的日常生活中去理解他们的选择。

上海农民的市民化

一般认为，上海的城乡差距很大，表面上看，上海市的农村非常破败（尤其是和浙江、珠三角农村的繁华相比），农村工业大多拆除并迁移了，主要保留农业经济。农民对村庄缺乏价值上的认同，农村房屋修建30年了，农民一般不回乡修缮。由此，村庄基础设施建设非常滞后，看上去破败不堪。实际上，农村的破败并不能说明农民经济的贫困，反之，20世纪80年代以来上海农民收入经历了前所未有的提升，上海是农民市民化程度最高、市民意识最强的地区。他们之所以不愿意翻建房屋，是因为他们的竞争场所在城市。从我在NY村的调查来看，该村改革开放之初的农村劳动力，在经历了短暂的兼业经营之后，目前已经实现了全方面的城市化转变。他们可能还不是市民，却有高度的市民化认同，有着高度城镇化的市民生活方式。他们是如何进入城市的？又有哪些条件推动了他们进入城市？

一

按照2009年的统计数据，NY村基本状况如下：户籍人口为

3278人，其中农业人口2016人，非农人口1252人，小城镇户口10人。外来居住人口为1535人。村内企业7个，工业产值5100万，从业人员126人。社会保障方面，社保344人，镇保1530人，农保889人。文化程度上，文盲215人，半文盲183人，小学880人，初中1340人，高中483人，大学177人。从就业来看，劳动力就业人数为2136人，其中国家机关、事业单位63人，集体企业168人，民营企业987人，个体企业377人，在村两委各条线84人，自由职业457人。土地经营情况上，村民的土地主要出租给外地人，到2009年年底NY村有外来务农人员245人，共承租土地2702亩，占总面积的66.6%。从住房状况来看，795家农户中，95%的家庭在城镇有商品房，20%以上在中心城区有住房，有商品房说明在外有工作。由于劳动力就业的转移及进城购房，年轻人和中年人均没有居住在村庄，其中只有老人居住的有538户，空置户有92户，对外出租有154户。农民少有翻修农村房屋的热情，住房质量越来越差，出现很多危房。

从上述数据来看，农民较早地实现了市民化：农村劳动力很少从事农业，农民社会保障也不再依赖土地，农民居住也高度城镇化了。此外，由于居住和教育是高度相关的，农民接受的教育也高度城镇化了。到2015年，从事农业的农民更少，虽然有10多个家庭农场，这些经营者却都是被地方政府每亩高达1000元的优惠补贴政策吸引回乡的。农民社会保障更不依赖土地，养老金从2003年的每月10元增加到2015年的每月800元，镇保（失地农民保险）则有每月1600元的养老金。在进城购房上，越来越多的农民寻求进入闵行区这样的城区购房，据村干部估计占全村农民的三分之一左右。除了物质方面的标志外，还要考虑农民主观的身份认同，即市民化意识。农民已经很少认为自己还是"农民"，尤其是"80后"的农民，他们的年龄在25～35岁之间，在村庄很少见到他们的身影。

NY村农民从20世纪80年代后期开始了市民化进程。当时年轻农民在乡镇企业就业，他们的父辈居住在农村从事传统农业。这批年轻农民很快就随着工业化扩张进入城镇就业，进而在小城镇购房定居，完成了初步的城镇化。因此相对于父辈创造和积累财富进入城镇，"80后""90后"这一代人从小就在城镇居住、接受教育，后来又在城镇就业、结婚及养育下一代，他们是"享受果实的一代"，从一开始就是"新市民"，生活方式完全市民化。在收入上，大多数"80后"劳动力和外来农民工实际差距不大，其中年收入高的几十万元，中等的十万元，收入三五万元的占比最大，在70%以上。相对于父辈曾经在生产线或建筑工地上劳动，他们在社会认同上已经完全改变，不愿意重复父辈曾经从事的农民工职业。他们更愿意从事的是正规工作，是有保险和法定节假日、不从事户外劳动的办公室工作，这和中西部农民工的就业有很大的差别。

一个1986年出生的青年妇女，在城市接受教育、居住和就业，代表了典型的"80后"新市民形象。她回忆说："我幼儿园就在镇里读，现在回村是因为这份职业（妇女主任助理），我的父母20世纪80年代就有这样的（进城）理念，我三四岁时父母就把房子买到邬桥镇。考虑到我要上大学，又在奉贤区买房，当时买房主要是考虑到子女教育。我小时候就不怎么回村的，在村里过了一两个年就不再回村里过年，走亲戚也是在城镇，有大的事情才回来看看。"我在访谈多位"80后"青年后发现，这可以说是他们整个群体的回忆，可见上海郊区农民市民化起步是很早的。他们这一代的主要任务是在上海市竞争激烈的社会体系中继续向上流动，主要路径是接受更好的教育，这恰恰是令上海市民最为焦虑的——尤其是在严格执行中考分流政策和教育日益市场化的背景下。

二

上海农民市民化程度为什么这么高？为什么离开村庄进入城镇，而不是像珠三角或浙江的农民那样安于农村？上海农民如何在城镇中有起码的竞争力——比如买得起房、年轻人能够承受高额的房车消费？我认为其中有五个方面的因素。

第一，城镇工业区的扩张。上海的农村工业化有过一段繁荣时期，城镇工业化为农民提供更多的、收入更高的就业机会，这是农民进城的基本动力。20世纪90年代，全球化的浪潮首先席卷上海这样的大城市。对于NY村农民来说，影响最大的是附近开发区的设立。开发区和村仅仅一江之隔，农民白天上班，晚上就回到小城镇居住，实现本地就业。从经济形态上来看，90年代进入开发区的主要是外资企业，大多属于低端制造业，一般性的劳动力能够胜任。

如果说乡村工业为每户提供了至少一个劳动力的非农就业机会，那么90年代开发区的设立则为农民提供了家庭"双职工"的就业机会，为农民进入城镇提供了经济基础。城市经济的扩张还增加了对城市建设的需求，除去外资企业提供的就业机会，建筑行业也同样成为农民脱离农业的途径，NY村当时有不少劳动力成为建筑工、木工，服务于城市建设。此外，工业化和城镇化扩张还提供了大量的第三产业就业，吸纳年龄较大的中老年农民，实现了中年劳动力、老年半劳动力的就业。NY村农民说，"一般退休之后要再干10年"，男性一般承担工厂或社区门卫、保安等工作，女性一般承担保洁、烧饭等工作，工作强度不大，月工资收入在2000元之内，具有临时工性质。如果当过干部、有管理能力，则可在村里被聘用为干部或者进厂做管理，月工资可以达到3000元。

第二，较早地进城购房。NY村农村建房较早，从20世纪70年代末到90年代中期完成了二层楼房的建造，房子绝大多数建于80年代到90年代之间。由于劳动力就业的转移及进城购房，年轻人和中年人不把农村作为居住区，任由房屋损坏。其根本原因是农民的社会竞争场所在城市，他们也还没有富裕到能够回村翻新住房。农民进城购房是从80年代中后期开始的，最早进入乡镇购房的是乡镇企业的干部，他们是农村的上层精英。这时乡镇的住房是乡镇政府集中建设的，是稀缺商品，在镇里买房就转为自理口粮户。农民进入城镇购房在90年代中期后增多，原因有三。首先是集镇住房供给增加。住房建设是由农民集资、乡镇供地建设而成，价格在10万元左右，一幢楼分为3个单元含18套房。其次，越来越多的农民在乡镇企业和闵行开发区务工，住在乡镇更为方便。最后，在教育城镇化背景下，乡镇中小学合并之后，为了小孩上学方便（尤其是冬天），农民就要到乡镇购房。

2000年之后这种建设方式停止了，一方面是由于国家政策不再允许乡镇进行小产权房建设，城镇正规的商品房市场开始兴起。另一方面是随着"80后"的新一代农民在城区上学和务工，农民随之进入中心城区购房，在乡镇购房的需求减少。当农民迁往中心城区，乡镇住房则用于出租或干脆卖掉。在住房市场化的时代，租售这些住房成为农民家庭最主要的财产积累方式。一些家庭为了进入中心城区居住，把乡镇住房卖掉来筹集资金，这是郊区农民有能力在市区购房的重要经济条件。

第三，高度重视教育。相对于市民，农民在人力资本上缺乏比较优势。"80后"这一代之前的农民受教育程度主要是初中和小学，高中比例很小，大专及以上文化程度人数更少，制约了农民在城镇的社会流动。为了提升下一代的人力资本，随着进城务工及进城购房，农民希望把子女送到质量更好的乡镇学校读书。村庄学校学生流失，不少村学校开不齐班级，因此教育部门把四五个学校合并为一个学校。即使这样，也因越来越多的农民家长把子女送入乡镇学校读书，村小和初中很快就合并到乡镇。2000年，所有村小取消，合并到乡镇小学，乡镇成为农民子女新的教育中心。很快，2005年之后本地农民开始极力把子女送入城区学校读书，农民试图进入中心城区参加教育竞争是因为乡镇教育质量远远不如中心城区。其原因是一方面乡镇中小学的师资流失，优秀老师外流入城区学校，招聘来的新教师是在城区找不到工作的大学生；另一方面外来农民工子女就近进入中小学，学校成为"农民工子弟学校"，差异化的阶层、身份和教育培养方式给当地农民造成困扰，倒逼农民逃离乡镇。"只有家里穷到买不起学区房的，才在邬桥镇读小学初中。"按照估计，村庄"80后"几乎人人高中以上学历，尤其是20世纪80年代后期出生的人，在大学扩招背景下，几乎人人上大学。我们统计了一个小组"80后"出生的人的学历，结果为研究生1人，大学本科9人，大专6人，中专2人，高中2人，初中2人，这比全国平均水平高得多。

第四，发展型的家庭。上海农民已经完成了初步城镇化，新生代青年则正在深入城镇化，他们不甘于在小城镇居住、接受教育及就业。想要在激烈的城镇市场竞争中立足，一个重要的条件是在城市中心购房，上海市家庭婚姻制度也有利于农民家庭积累财富，实现进城购房的目标。独生子女、"两头走"和封闭的婚姻圈这三个主要因素增加了家庭的积累性。上海农村严格执行独生子女政策，一对夫妇只生一个孩子，这在客观上有利于家庭资源的积累。在独生子女时代，上海流行"两头走"的婚姻模式，一个小家庭接受来自两边家庭的支持，形成典型的"4—2—1"的家庭结构模式。哪边居住方便，子女就住哪边，两边财产均继承，两边老人均赡养。而实际上在当地农村养老制度安排下，年轻人的养老负担很小，反而可以获得来自两边家庭的支持。在婚姻对象选择上，上海农村依然延续封闭的特征，年轻一代择偶范围大多局限在上海市内。这是因为农民普遍进城购房，有资产，老人有退休金，养老负担轻，两边父母家庭的财产最终由一个小家庭继承，可以让小家庭生活得十分宽裕。用一句俗话讲，"两家并一家，一家好人家"。这种婚姻制度，有利于年轻的新市民在上海市激烈的市场竞争中立足。

第五，强有力的地方反哺。在政策层面，养老成为国家及老人个人需解决的问题，子女的赡养压力很小，农民进城后无后顾之忧。前面已经介绍，老年人能够找得一些服务业的工作贴补家用，更重要的条件是上海市为农民建立的养老金制度。两个老人每年从打工中获得1万～2万元，从养老金中获得2万元，如果办理了镇保或社保，养老金更高，这些钱足以支付日常生活、走人情、旅游等花销。还有一些老人把省下来的养老金用于贴补小家庭，减轻子女购车、购房、装修和小孩教育负担，在上海农村，老年人拿出十几万元甚至几十万元支持子女是常见的事情。

此外，农民还享受农村耕地承包经营权和宅基地使用权带来的收益。在土地流转方面，按户均5亩计，每亩每年平均有1000元的地租收入和政府额外支付的200元土地流转补贴，因此农户一般有6000元的土地租金收入。房租方面，NY村大约有五分之一的农户出租住房，按照一个月大约1000元计算，一年有1.2万元收入。宅基地使用权是更大的一块福利，2010年开始，地方政府通过城乡建设用地增减挂钩制度为NY村农民建设极为廉价的别墅。农民户均出资3.5万元，依据家庭人口数获得150～270平方米面积不等的别墅。这些别墅不是商品房，但是也有农民出售。

北京远郊村的农民生计模式

相对于苏南、浙江沿海和珠三角地区发达的农村工业，北京远郊的农村工业并不发达。在平谷区农村，农业在农民生计模式中还占有很大的比重，主要是种植经济作物。如在H乡Y村的中老年劳动力的重要工作是经营大桃。以下以该村为例描述北京远郊农民的生计模式。

一、村经济概况

H乡属于北京远郊山区乡，在城乡规划上被定位为北京市的生态涵养区，辖7个行政村，乡域面积64.4平方公里，其中"九分山水一分田"，约有1700户，5000人。Y村户籍人口2300人，630户，属于半山区农村，西、北、东三面环山，地势起伏较大。村总面积32平方公里，占乡域总面积的一半。随着旅游市场的兴起，这些山区村有了开发价值，获得了高额的旅游收益。

调研发现Y村经济主要包括四个部分，分别是果树经济、旅游经济、养殖经济和务工经济。果树产业是农业的支柱产业，也是村庄留守劳动力主要从事的产业。规模最大的是旅游经济。养殖经济曾经非常繁盛，但是随着农村环保要求的提高，养殖场面临全部关停的命运。务工经济分为两种：一种是在村内旅游企业就业，另外一种则是年轻劳动力通过考学到北京市区就业。村干部估计，90%以上"80后"的劳动力采用后一种就业方式。和上海农村相似的是，由于旅游业是该村的支柱产业，该地区劳动力有相当一部分在村庄内部就业。其不同于上海农村的典型特征有两点：一是仍然保留一家一户的小农经济，这表明本地第二、第三产业劳动力市场不足以吸纳全部劳动力尤其是50岁以上的中老年劳动力，农村仍然是劳动力的蓄水池；二是北京与上海和苏南地区不同，仍然存在缺乏严格管控的村级自主的土地开发，导致大规模的经济活动在灰色地带进行。

Y村村庄土地资源比较匮乏。20世纪60年代，村书记带领群众搞"农业学大寨"运动，用3年冬闲将河滩地垫高形成相对平整的土地，增加了村庄土地资源，目前耕地约1800亩。1983年分田到户后，集体按肥瘦远近等标准把土地分为三级，再分配到户，自主经营。农民种植传统作物约10年，20世纪90年代初开始种植桃树时，村集体顺应农户连片承包经营的需求，把土地收回，实行划片承包。具体做法是：把土地划分为口粮田（"承包田"）和招标田（"市场田"），由于土地资源稀缺，承包田被折算为口粮，再以货币的形式发放给农民；市场田则整块进行招投标，做到"一户一块田"，由村委会定底价，农户竞标，出价高的农户获得年限不等的土地经营权，合同期为10～30年。合同到期后，这块土地重新招标。如果这块土地被其他农户获得，那么地上的附着物（果树和工具房）也一同转给新的承包户。土地承包过程中很少有矛盾。据村干部介绍，600户本地农户中，有农业收入的家庭约300户，这是村集体承包经营合同显示的。农户在较为肥沃、有良好灌溉设施的耕地上种植桃树；在坡度大、较为贫瘠的耕地上种植核桃、梨树等。

二、主要收入方式：种桃

种桃是典型的劳动密集型产业，生产难以机械化。一般农户种植5亩桃，这是家庭劳动力种植的上限。从事农业的劳动力的年龄一般在50~65岁之间。这个年龄段，既不能到城市劳动力市场务工，也难以在村内旅游企业里干活。按照规定，村内旅游企业，女50岁、男55岁就必须退休。桃的市场价格很高，在价格较好的年景，不计算家庭劳动力投入，一亩丰产期的果园可以获得7000元的纯收入。

果树栽种源于政府推动的农业结构调整，目前平谷区已有22万亩桃树。20世纪80年代中期，平谷区提出"山区要想富，必须栽果树""一家一亩果园，一户一名技术员"等一系列措施，走出一条山区、半山区发展果品产业生态富民之路。依托首都庞大的消费市场和较高水平的购买力，当地发展果树经济能获得更好的经济效益。于是从20世纪90年代开始，政府和村集体便推动村民扩大果树种植规模，从而在当地发展起以桃为主，兼有柿子、核桃、樱桃等的特色农业。据悉，平谷大桃2017年总产量达到3.1亿公斤，总收入15.37亿元。

果农每年4月开始进入农忙，清明一过，农民就要接连忙着为桃树疏蕾、疏花和疏果，以确保桃有足够的生长空间。到了5月底，就要给桃套袋，然后锄草、打药、施肥，直到两个月后解袋。解袋后半个月就开始摘果。摘果是种桃的生产过程中耗费体力最大的一项工作。整个摘果的过程持续大约20天，这期间农民每天早上4点多就起来摘桃，一直忙到晚上10点才收工。劳动了一天，晚上还要住在地里的工具房里守着，防止果实被偷。收了果实之后，果农又要忙着联系买家出售。

　　桃的亩产值高，主要是因为农户不断增加家庭劳动的投入量，延长劳动时间，增强劳动强度。粗略估计，经营5亩桃树，两个家庭劳动力要劳动8个月以上，计480个工作日，其中有两个月是高强度劳动，可获3.5万元纯收入。农户很少将投入和产出进行一个细致的计算，他们在计算成本时想到的都是诸如肥料、农药、草药、修剪等"看得见"的投入，没有将自己的劳动力投入算进去。如果外出务工，或许能够赚取更多收入，可是村里的农民认为留在农村种桃是维持家计的一项不错的选择，理由在于务农是一项自由自主的劳动，而且他们对土地保持着一种淳朴的情感，难以割舍种了这么多年的地，这份情感甚至超过了对于利润的理性计算。

　　果农在生产销售上也经常有合作。比如王家种的油桃成熟期较早，李家便会去帮忙套袋。等到李家种的"久保"成熟了，王家也会来帮忙摘果。此外，因为每户果农种植的果树有限，而收购方的需求量一般比较大，果农们便会私底下商量好，将几家的果实一并出售。这样的联合是十分普遍的。

三、为果农服务

政府为果农提供了技术、基础设施及资金上的支持，实现了在村务农的家庭"家家都有桃树"的政策目标。

在技术上，区农委多次派专业人员下到村里实地教学，为果农传授种植果树的技巧。区果品办还组织桃子套袋比赛，鼓励人们提高生产效率。这几年，电商发展很快，为了让农户走上电子商务发展的快车道，政府组织农户学习如何网上销售。村里有三四个专门快递水果的营业点，接受全国的订单。发展特色农业需要大量的水资源，为此，国家出资在村里打了水井，铺设了灌溉管道，而用于灌溉的水源、机械设施的安装与维护费用都无须农民操心。该地区地表水资源十分有限，农业用水主要依靠深层地下水，灌溉的成本高昂。村里有14口水井，其中3口是饮水井，井深达到了200~300米，其余是灌溉井，井深在60米以上，农户只需要电卡就可以抽水灌溉。

为了保护生态环境，目前政府开始计划限制水资源的利用，倒逼农业转型。目前的限水规定是，种植果树是每亩每年100立方米，种植粮食作物是200立方米，菜地是500立方米。果农估计，种植桃树一年的需水量在500立方米左右（农户采取漫灌方式，即把水抽到地头，再放到果树地）。除去可以从井里抽的100立方米，还有400立方米的需水量便要看天了。对于退出果树种植，选择种植生态林的农户，每年可以获得补贴1350元，并保证每年递增50元。

在市场方面，不同品种的桃子在市场上的卖价不同。其中，"久保"是卖得最好、最贵的品种，市场需求也最大。油桃的销路也还不错，每斤能卖到7～8元。除了品种外，品质也是决定桃子销路的关键。据村民称，上等品质的一般被超市收购，中等的运大车卖去东北，最差的则被饮料厂收购，做成果汁。为了形成规模、打开市场，农民自发地组织起来形成合作社。2002年，年轻果农李某开办了一个大桃市场，帮助村民们联系买家销售桃子。当时果农基本上都在大桃市场进行交易，不再需要私下联系买方，桃子的销售有了保障。2008年，已成为村干部的李某在大桃市场基础上又成立了一个合作社，有200多户果农加入，旨在争取政策优惠。2017年合作社就从政府手里拿到了10余万元的补贴。合作社对成熟的桃子进行统购统销，给果农带来了不少便利。合作社成为联系果农和客商的新纽带，减少了交易成本。现在李某的合作社已经成为市级的示范合作社，其客商的来源也越来越广，随着互联网的发展，不少电商、超市也成为收购桃子的主力。

四、其他收入方式

再来看看其他收入。

村庄旅游业吸纳了200人以上的劳动力，包括工程建设、旅游管理和服务人员，他们大多是进不了城的"低端劳动力"，有中年人，也有部分年轻人。旅游业还带动了十几个农户开办农家乐。村庄旅游业几乎全部由农民充当劳动力，曾经有30多个大中专毕业生过来工作，但是后面都没有留下来。旅游业在

20世纪80年代末就开始发展，1998年之后村庄大溶洞开发，2015年之后飞龙谷景区更名为天云山景区对外营业，旅游收入暴涨，一年就达到1.8个亿。旅游业带给农民的收入并不多，收入主要用在了景区基础设施建设和还债付息上，景区普通员工的工资收入大约在3000元，管理层和普通员工的工资差距不大，相差不到1000元。

村庄中还有大量公益性岗位，由各级政府委办局出资设立、财政统一发放工资。其重要目的是解决村庄剩余劳动力的就业，岗位包括保洁员、协管员、护林员、水管员、社保员等。在另一个大镇J镇，有1100人在公益性管理岗位上就业。在H乡的另一个只有100人左右的小村庄，区林业局给了村里30个护林员的指标，每人每月发放700多元补贴。这种工作的强度比较小，只需要按时去山里、路口巡查，确保没有火灾隐患。从实际情况来看，一个村根本用不着这么多人，但是为了帮助村民就业，政府只好维持这支队伍。比如说，Y村有10个水管员，每人每月国家补贴500元，村里还给100元的补贴。2017年，地方财政的压力越来越大，加上确实不需要这么多人，就由10个人降到了现在的两个人。超额的公益性岗位设置让乡镇成为城市发展的福利院，这些岗位上的人员发挥的作用很小。

养殖业是20世纪90年代由国家推动的。2018年，养猪最多的卢某有5500头猪。1989年到1993年间，他承包了一个村办猪场，一年可以出1500头猪。1996年时，猪场获得了20万元的规模场补助，第二年政策又放开，于是卢某将猪场扩大，办了3个规模场，拿到了60万元的补贴，后来猪场最大的时候达到了6

个规模场，这样的猪场也叫"万头场"。他通过养猪实现了致富，还带动六七户村里的养猪大户共同致富。但是迫于北京市环保政策的压力，养殖业的发展越来越难，不少养殖户已经退出。

其他收入还包括村民入股旅游公司获得的分红收入、村集体发放农业补贴形成的收入和村集体对老年人发放的养老金收入。在景区开始筹备时，村集体动员村民们第一次入股（1998年），入股的要求是必须为本村户口。第一次入股共有几十名村民参加，共计入股100万元。1998年溶洞景区开始营业，生意火爆，年底便按照"入一万返九千"的比例给入股的村民分了红。后来又在2000年和2014年进行了第二、第三次入股，不过后来的股份分红便不再像第一次一样，而是每年分红维持在20%股本左右。并且第二、第三次入股时，规定每个村民只能入1万元。

因为每年村里的旅游公司都能获得比较可观的利润，企业拿出了一笔资金专门为村民提供福利。Y村的村民能享受的福利是十分丰富的。村民们都自豪地说："整个平谷区，有哪个村子的福利水平能达到我们这样？外面的人都羡慕我们村呢。"

村里不同年龄段的村民都有可以享受到的福利。对于年轻人来说，如果考上了大学，村里便会发放一定金额的奖学金。一本是3000元，二本是2000元。如果考上了重点大学，获得的奖学金数额则更大。在这样的激励机制的促进之下，村里的大学生比比皆是，几乎年年都有考上大学本科的学生。

老年人是村里享受福利最多的群体，村书记曾经说："我要帮助村里的村民养老人。"每年村里都会花上10余万元为全村60岁以上的老人提供一次全面体检。村民们只要是农业户口，女性满55周岁，男性满60周岁，每个月便能拿到村里发放的400元养老金（此外农民还享受新农保的养老金，大约一个月600元）。而且随着年龄的增长，养老金的数额也会增加：60～69岁的老人每月600元，70～79岁的老人每月700元，80～89岁的每月800元，90岁以上的每月1000元。除了养老金之外，村委会还将村里每个60岁以上老人的生日都备了案，在每个老人生日当天，都会发放50元的慰问金和一个大蛋糕。这么多专为老年人提供的福利，为村里的老年人安享晚年提供了一道保障。对于很多家庭而言，养老是一项不轻的负担，村里基本上帮助年轻人解决了家里老人的养老问题。有了养老金，老年人就不用伸手问年轻人要钱，年轻人身上的担子也就轻了许多，这样一来，他们便能更加放心地在外打拼，无需瞻前顾后。村书记这项"帮大家养老"的工作，可以说既赢得了老人的心，也让年轻人对他感激和尊敬。

此外，农村户籍人口还有住房方面的两大好处。第一可以申请农村宅基地自建房，在听说政府可能很快就要实行集中居住，不再批准自建房后，仅2017年一年Y村就有200户把旧平房翻建为两层的新式楼房。第二可以申请购买村集体开发的楼房。目前已经开发了三期一共700多套，大多数农户已经按照成本价购买了楼房。楼房集中供暖，农户冬天住楼房、夏天住平房。一些农户把楼房卖掉，但由于缺乏产权证，价格约在每平方米6000元。村集体准备建设第四期，土地已经平整，但是北京市收紧政策，正在进行大规模的"疏整促"拆违运动，第四期楼房建设已经不再有政策空间。

五、户籍的转移

北京市的户籍制度相较于其他大城市也有明显的差异。目前村庄中的非农业人口有780人，包括城里退休回村的，上大学把户口转出去又转回来挂在村里的，由婚姻和亲子关系迁入投靠户籍的，等等，这些人都不能把户口改为农业户口。

由于农民依靠承包经营土地获得农业收入，依赖农村集体土地和集体旅游开发获得福利性收入，现在的农民不愿意把户籍迁出村庄（非农业户口的村民购房每平方米要贵200元）。在北京的城市和农村，户籍身份在医疗、教育、养老方面享受同等权利。越是北京这样的特大城市越是严格控制外地户籍人口迁入，户籍身份附着的教育、医疗和养老等资源也就越是稀缺。原来北京农村和城市的户籍身份福利差距很大，村里人都羡慕非农户口，觉得那是"城里人"身份的象征，还认为他们不像农民一样靠天吃饭，他们是"旱涝保收"。20世纪90年代之前，许多农民试图通过花钱挂靠到某单位获得非农户口，如此一来就可以享受到更好的福利待遇，这样的灰色操作一度非常流行。村里的会计说："10多年前要想农转非，还得花钱找关系呢。当时我身边好几个姐妹都转了，我老公不愿意花这个钱，就没给我转。"但是现在发生了逆转，大家又开始羡慕起了农业户口。现在北京市内的农转非门槛很低，但是已经转成非农户口的无法再转回，所以现在村民们都不愿再将户口转成非农，农业户口反而更加珍贵。

浙江的农民企业家

一

浙江农民以善于经商而闻名，浙江的农村工业化路径和苏南及珠三角不同，它走的是企业家主导型内生农村工业化道路，是最依赖企业家个人冒险精神的一种工业化。苏南地区的农民说苏南集体工业之所以衰败，一个重要原因是浙江私营企业太有竞争力了，最典型的是浙江温州。浙江沿海的几个主要城市全部是个体私营经济十分发达的城市，这种发达的私营经济塑造了农村经济和社会结构，也塑造了浙江农民的性格特征：喜好冒险、独立、张扬、理性。这促使我们十分关注企业家群体，试图了解他们的性格和创业经历。

农民企业家一般在20世纪80年代开始兴办小作坊，到后来办起大中型企业，这样的人在浙江农村有成千上万个，构成了浙江经济高度发展的社会基础。关于这些企业家是如何发展起来的，除了要考虑到宏观经济政策的改变，还要探讨他们组织生产的过程。这里围绕玉环市的L村展开讨论。这是一个镇中村，村域1.9平方公里，总户数526户，1722人，分为12个村民小组。村中有100多户办厂。其中10%左右属于规模以上企业，年产值在500万元以上，一般年利润为50万元以上；70%左右属于中小企业，年产值100万～500万元，年利润10万～50万元；还有20%左右属于小企业，就是小作坊，家庭年收入一般小于10万元，普遍在五六万元，与打工工资相当。

在大规模的集镇和工业园区建设后，村庄现存耕地面积158亩，其中水田150亩。村庄经济以第二和第三产业为主，2013年，人均收入21440元。改革开放之前，村民主要靠务农和打鱼为生，分田到户后，人均不到0.3亩地，于是许多人开始从事工商业，主要形式是家庭作坊。企业最早以生产五金配件为主，其中阀门最为有名，由此玉环也被称为"阀门之乡"。玉环企业的发展吸引了大批外来务工人口，而流出人口很少，来自湖北省蕲春县的詹某说，光他的老乡就有5000人之多。

二

村主任X，2002年当选。他的当选很大程度上是因为企业办得好，有钱，能够为村民谋福利。他的企业位于工业园，产值能排进玉环的前20名，2015年度出口额达6800万美元。玉环地区给他做配套的企业（包括家庭作坊）有103家，主要提供阀门、塑料袋和一些小零件。他还在全国各地投资有多家工厂，是村庄资本最雄厚的企业家，总资产5个亿以上。

X高中毕业，1979年起在村里当了3年出纳，后来在邻镇化工厂上班。1988年，仅25岁的他就任集体企业厂长，1989年开始创办自己的企业，生产阀门水暖。据说当初创业时，因为经济困难，他曾经睡过上海火车站，被当作"盲流"。

据他回忆，企业的起步资金是借来的几千元钱，家里的宅基地当车间，厨房当仓库，工人是夫妻俩加上妹妹。1993年，企业产值70万元，开始寻求与中国台湾地区合作，后来和英国、法国、意大利多家工厂合作，2004年开始进入美国市场。2008年金融危机，很多企业不景气，他却认为"最危险的地方就是最安全的地方"，认为美国还有市场，并以每年500万元的价格拿到美国认证，之后企业一直快速发展。他提出要做百年老店、做品牌，由于美国市场距离远、供货时间较长，他提出要做到客户身边去，就在美国开了仓库，之前80天的供货时间如今缩短至20天。

近30年，X不断地扩大生产规模，并投资不同行业，先后在江西、浙江、河南、山东、黑龙江等地投资，涉足铜业、电暖保护、增长剂、洗煤、矿山等领域。X不仅进入村政，还当了4届（水暖阀门协会）商会会长和3届市人大代表。商会与政府保持良好关系，有助于提高政府对企业生产的重视程度；企业进入商会也可以广交朋友，避免恶性竞争，求同存异、共同提升。

三

老年人协会会长Y，70岁，初中未毕业，目前他是村庄排第二的企业家。Y的工厂年产值约1亿元，现在由儿子任法人代表，他还在街道上拥有数十间商铺。

Y于1961年在大队当会计，1962年担任公社会计，1963年回村从事农业和捕鱼，并兼任公社的农技植保员，当了4年的农民。1967年担任村办造酒厂会计，1969年担任公社会计，1971年，从公社调到农村信用社任会计，直至1977年。1978年，担任农村信用社副主任，1980年担任主任。1983年，调到另一个镇任农业银行分行的副主任。1986年成立了自己的工厂。1987年，担任农行支部书记和主任。2000年，由于家庭工厂要扩大，从农行辞职。虽然当时他在银行的工资已经很高，年收入达到了20万元，但是他认为相较家里400万元产值的企业，工资还是偏低，于是回家经营企业。

工厂初创时，只有七八台小型仪表车床，主要是给大工厂加工零配件，当年产值20万～30万元，利润4万～5万元。购买设备的资金主要来源于家庭，一台小仪表机器需要300元，当时Y的妻子在企业上班拿工资，自己又担任银行副主任，工资能够购买几台机器。劳动力主要是Y的儿子另外加四个本地妇女。厂房是自家腾出的20多平方米的房屋，属于典型的家庭作坊。技术来源于子女之前在乡镇企业打工的经历。市场对于企业来说非常重要，依靠在银行工作的关系，他能依靠人际关系拿订单。

企业扩大的机遇源于国外市场的打开。1992年，邻镇有一家企业请Y的工厂加工零部件，当时零售价为两块多人民币，而该企业卖往欧洲的价格是两块多美元（直到现在，该工厂出口德国的阀门也非常便宜，价格约为4欧元，在德国销售价格在20欧元以上，产品附加值低）。由于产品质量好，国外客户要参观产品的生产过程，但是邻镇企业无法拿出产品，只能将客户带到Y的工厂，在参观了产品的生产并确认了产品质量后，客户与Y的工厂签订了价值四五十万元的订单，这在当时是一笔大订单。工厂有扩大的需求，Y便将自留地与家旁边的其他村民的地进行互换，整理出1.5亩空地搭建简易厂房，员工增加到30多人，全是本村妇女，年产值达几百万元。到2016年，工厂年产值达到5000万元，有130个工人，基本是外地人，只有一两个本地人作为管理者。员工最多时超过300人，2008年后受金融危机影响已缩小规模。

四

总结来说，20世纪80年代是办厂的黄金时期。按照X和Y的说法，在这个年代办厂都很容易，生产要素是易得的：

资金，数千元即可，依靠家庭和向朋友借贷筹集一定的资金便可购买车床等生产设备，对资金需求不大。当时政府鼓励办企业，农村信用合作社也提供优惠贷款。

土地，依赖自家宅基地、自留地或承包地，尤其是起步时的小作坊生产，对土地要求不高。

市场，主要满足本地和国内市场，订单能依靠关系拿到，主要为大企业生产配套零部件。

技术，原有的乡镇企业培养了大量技术工人，办企业的农民一般在乡镇企业打过工，具备一定的技能。当时生产五金配件等的技术含量较低，普通工人也能胜任。

管理，小家庭作坊的管理方式主要为夫妻或者家庭协作，管理成本极低。一些农民原来在村办、镇办企业当过干部，有一定管理经验。

劳动力，主要为夫妻从事家庭作坊的生产模式，有些家庭只需要雇用一两个劳动力做帮工。当时劳动力价格特别是女工的工资低，人工成本低廉。

20世纪80年代，办厂门槛较低，对资金、技术、劳动力的要求都很低。不过随着经济发展，企业也在逐渐分化，80年代"村村点火、户户冒烟"，自90年代起至21世纪初，大多数小作坊倒掉了，少数小作坊保留下来，极少数的小作坊（一个村庄不超过10家）成了中等企业、大企业。

20世纪80年代以来的小作坊的竞争和分化分为两个阶段：

从20世纪90年代起到2008年之前，为企业的资本积累阶段，主要是规模扩大、利润提高，形成原始积累。企业家回忆说，由于供给短缺，企业在起步阶段，利润率较高，能够达到200%，很多家庭积累了一定的资本，不断扩大生产，车床等仪器设备由几台慢慢增加到十几台，有些资金较为雄厚的家庭会购买几十台设备。此时，狭小的宅基地已经无法满足企业所需，很多家庭纷纷在宅基地周围搭建，扩大厂房（当时土地管理政策不如现在严格）。很多村民利用良田与其他村民交换自己周围的土地，还有些人在其他村购买土地建厂房。有胆量和资金的少数人投入更多的资本扩大企业规模，使企业超出了家庭作坊的范围。而绝大部分企业依旧以家庭作坊的形式从事工业生产，规模扩张有限，产值在几十万到几百万元之间。

在这一阶段，规模较大的企业需要购买土地。当时，买断土地的价格在每亩2万元左右，对这些企业家来说并不是难事。企业规模的扩大伴随对资金需求的增加，一般的家庭通过朋友关系难以完全解决资金问题，正式的金融机构变得非常重要，农村信用合作社在企业创办和发展过程中发挥了重要作用。稍微有点规模的企业就要贷款，当时的借贷主要以信用作为担保，而那些在银行工作或者担任公务员又或者在这些交际圈中有朋友的人（如Y曾在信用合作社和银行任职）在贷款上具有比较优势。劳动力需求也在增加，规模较大的企业需要成倍地增加劳动力，一般会雇用几十名工人，主要以外地农民工为主，工资在几百至一千元左右，劳动力较为廉价。这一阶段的企业发展体现为规模扩大，生产劳动密集型产品，对技术需求不高，所以主要为资本积累阶段。

2008年后属于新阶段，在经济现代化和经济结构转型的背景下，企业面临着产业升级、技术创新、消防安全检查、功能区位分隔等问题。最近10年左右，经过发展和积累阶段，企业规模和模式基本固定：小企业求稳，满足于每年稳定的收入，所以绝大部分保持着家庭作坊的形式；较大规模的企业也保持着固定规模，Y的企业有员工100多人，他近几年没有扩大规模的打算，更愿意稳扎稳打。但是也有少部分企业家不断扩大规模，想做大做强，做出品牌。X就先后在外地办厂和投资，如与杭州某企业合作投资秸秆发电，还在美国建了仓库，企业保持着扩张的趋势。

从功能分工来看，中小企业和家庭小作坊主要服务于大企业的生产经营，他们用自家宅基地、房屋作为厂房，夫妻共同经营小企业或者雇用少量的外地农民工，主要从事五金生产，为一些大型企业做配套，直接服务于本地市场。而大型企业则一般脱离家庭，迁入工业园区，雇用工人较多，采取现代管理模式。目前浙江省正在大力整治农村分散工业，中心工作是"三改一拆""五水共治"等硬任务，绝大部分的中小企业因不符合更严格的生产要求和标准，属于整顿之列。

中小企业小作坊对当地经济的发展起到了重要作用，并且为当地工业提供各项配套服务，形成了完整的产业链，如今仍然具有活力。如果一刀切地执行政策，大量中小企业面临整顿和关闭的风险，将对当地经济造成巨大冲击。所以，如何平衡刚性政策和经济活力的关系，是摆在乡镇政府面前的一大难题。从他们实际的行动来看，现阶段经济发展的任务似乎比消防、环保一类的工作更为重要。

浙江的仪式性人情

一

　　浙江沿海农村以发达的私营经济和激烈的社会竞争闻名。经历了改革开放40年的发展，新的生产方式和财富分配方式塑造了浙江农村高度分化的村庄社会格局。在社会分化过程中，占据不同经济地位的农民，尤其需要通过社会交往和公开仪式来确认阶层归属。各个阶层在仪式性交往这个节点上形成了心照不宣的全新价值标准、交往规则和心理态度，共同推动了社会变革。浙江发达的工业化村庄一般会形成大中私营企业主、中层管理者和技术工人、普通工人的基本结构。农民之间的交往打碎了传统血缘、地缘关系，越来越遵循市场社会的交往规则，越来越重视商业合作上的朋友关系。这种关系是高度建构性的，也是理性主义的，弥散在整个村庄社会中。

二

　　我在浙江省Y县的H村调查，发现农民对自己的阶层归属非常清楚，大致可以分为：富裕精英阶层、中等阶层和普通劳动者阶层。阶层之间泾渭分明，这种分化是在一代人的时间内完成的，速度十分惊人。农民认为，人们之所以占据不同的经济地位，主要由于"个人本事"有别。在这个工业化地区，谁占有较多的生产资料，谁就是这个村庄的精英。村庄中最富裕的是村主任，他从20世纪80年代创业至今，在工业园区拥有大型加工厂。一个小企业主说："我哪里算什么老板，比农民工要好些，混日子罢了。"他家里有十几台机器，雇用了几个外地劳动力。村庄的陈副书记说："我在村里不算是富裕的，只能算是中等。"另一名干部也承认："陈副书记经济上是困难的。"陈副书记家里目前只有20台机器，雇用了3个农民工，自己则负责接订单和工厂管理。H村的企业主们在20世纪八九十年代创办企业，现已步入老年，子女大多数开始独立经营。

经济意义上的阶层主要通过收入和生产资料占有方式来区分。在社会意义上，阶层主要通过消费、言语和仪式来体现，如住房、汽车、装饰、酒席，以及行为模式、公共参与等。在农村仍然存在的熟人社会环境中，仪式性人情是一种区分阶层的特定机制。一般来说，农民在人生重要节点上要举办酒席，通过"送礼—收礼—还礼"的过程来建构或确认人情关系。人情还有互助互惠功能，指的是客人拿实物或货币到主人家，减少主人家办酒席的负担。在传统社会，婚丧大事办酒席收到礼物或礼金，一方面是即时用到酒席上，另一方面是回收"人情债"。理解仪式性人情的变迁，便能理解农村阶层分化和农村社会关系模式变动的逻辑。

不过这种传统仪式性人情的逻辑已经不再适合用于描述浙

江发达地区的农村。在H村，最令我惊讶的风俗是不再收礼，因为这可以显示主人家"阔气"。在有的人家，主人与客人约定不再送礼，只要客人来了就行了，来了就是"看得起""给面子"，货币化的礼金反而不再重要，最终不再需要"送礼—收礼"这个仪式性人情的过程了。即使如此，主人家对客人仍负有必要的还礼义务，这是富裕起来的精英阶层所构建的重要的新习俗。我了解到，富裕阶层会摆出数百桌的高规格酒席，有的主人家还礼别出心裁——因为普通的礼包没有吸引力了，有一个老板为了与众不同，用的是100元连号纸币，1300份，共计13万元。

三

在H村，办酒席的事项一般有结婚、丧事、建房、小孩满月和周岁。通常来说，只有丧事是必须办酒席的。结婚原来是一定要及时举办酒席的，现在则可以拖，最终还可能不办，因为一些普通农户办不起。

酒席规模往往很大，档次也很高。这里以喜酒为例进行说明。农民收到请帖才有资格参加酒席，主动赴席是很尴尬的事情。一个中等阶层农户举办的酒席规模一般是10～20桌，规模最大的是村主任儿子结婚，酒席是在工厂里，举办多次，一共240桌。这主要是根据个人社会关系的发达程度，像村主任办酒席之所以多是因为朋友众多以及要请工厂工人喝喜酒，作为村主任还要邀请众多的村组干部和村民参加酒席。至于酒席档次，最低的是一桌1600元左右，这是农户自办的价格，如果到酒店办，则费用增加一倍。烟酒消费需上千元，按照当地规矩，要给每一个客人两包硬中华，价值80元，如果是富裕人家办酒，则给两包软中华，价值160元。酒水有白酒、红酒和啤酒，有高低档之分，一般至少要200元。主人家还要给客人回礼，一个礼包100元左右。因此一户人家办10桌酒席最低需要约3万元，对于普通农户而言，这是非常大的负担。

企业主黄某给我详细介绍了办酒席的新习俗和农民的心态："有钱的排场大点，没有钱的排场小点。"排场主要表现在酒席的规模、档次及相关仪式场面。对于参加酒席的人来说，"叫喝喜酒是看得起我"，对主人家来说，"你来参加酒席，就是看得起我"。不仅普通朋友关系不收取礼金，亲戚关系也不收。因为富裕农民不在乎客人送礼多少，"人家有钱能不收礼，我也不收"。而且大家已经形成"没有钱办什么酒席"的新共识。对参加酒席的亲戚朋友，主人家还会再贴几十元或100元红包，意思是"给你发发财"。

另一位企业主王某说："原来郎舅关系亲一点的，给礼金五千八千的，兄弟和朋友关系，一两千元，有条件的不收礼金。演变到现在，则是普遍不收礼金，有的人家把收过来的礼金退回去，有的人家约定好不带红包了。""我们几个办企业的，红包送过来，全额退回去。主人家也有加一点的，表示给你添麻烦了。客人往往说，你这么做，我以后也不能收钱。"新习俗就这样形成了。

退休干部张某认为，人情和酒席源于农村的攀比现象——

亦城亦乡

这正是熟人社会发生阶层分化的结果。30年前，礼金就有几十元到100元，随后涨得越来越厉害。对于现在不收礼金的风俗，他认为是"阔气"的表现。客人高兴，但是办酒席的人负担很重。条件不好的撑面子应对，借钱办酒席，"人要脸树要皮"，年收入低于10万元的人压力很大。这种压力就是一种社会竞争压力，发挥阶层分化和阶层确认的作用。

普通农户老张讲了他经历的一个故事。曾经有一个朋友过世，按照传统习俗，他去送了两条烟，主人家退800元，退了好几次，别人坚决要退，礼包里面还有100多元的东西，包括生活用品、一箱饮料和两包中华香烟。老张计算说，他从酒席中赚了340元以上（他的计算是：香烟80元+回礼100元+酒席消费160元）。"现在收礼金蛮不好意思，人家说闲话，亲戚之间也不再收礼金。上次一个叔伯兄弟的孙子满月，几个兄弟合买了一条金子20克，主人家根据黄金市场价还回5000元，他说，'过来了就行了'。"

四

不再收礼显示人情交往规则的改变，形成人情的社会排斥效应。没有钱就不办酒席，有多少力办多少事，酒席规模的大小背后是农户经济实力的强弱。

由于办酒席需要如此高的成本，经济条件不好的农户不再办得起酒席，也难以在村庄内部赢得尊重，人情成为社会排斥的手段。富人在改变交往规则，追求"更阔气"的同时，形成了经济分化在社会层面的确认和富裕阶层主导的对中下阶层的社会排斥。人情交往变成了给主人家捧场，酒席变成了展示经济社会地位、个人是否"阔气"的仪式性场合。对于普通农户，要么"死要面子活受罪"，要么不再办酒席，"能拖则拖，能不办就不办"成为一种合理化话语。

浙江的人情习俗变迁很独特，这与浙江农村的经济发展方式和熟人社会内部的阶层分化有关。在上海，农村空心化严重，农户之间的关系已经高度陌生化，农户之间虽然也发生了高度分化，却由于不适用熟人社会的场域和规则，便没有办酒席方面的攀比。在中西部地区，农民的攀比也不明显，这是因为阶层分化不明显，富裕农户进城了，即使难得回村也需要守村庄的规矩。珠三角也是经济发达地区，其乡村也有熟人社会，但由于没有形成富裕的企业家阶层，也就没有高度的阶层分化，而且其农村宗族的结构对人情交往规则有强约束，因此也不存在人情竞争现象。

亦城亦乡

第五篇

乡村治理模式

苏南的乡镇政权

　　乡镇政权是基层治理研究的重点对象，各地区乡镇政权的性质及运作逻辑有很大区别。相对于很多地区县直部门权力过大，乡镇政权陷入"有责无权"的困境，苏南地区的乡镇权力依然保持较强的治理能力，可称之为"实体化乡镇政权"，用来与"悬浮型""协调型"等形态的乡镇政权区分开来，它是苏南农村得以在快速工业化和城市化进程中保持秩序的原因。

　　学界习惯把苏南乡镇政权概括为"经营性政权"，地方政府具有"公司主义"的行为特征，这来源于美国学者戴慕珍对苏南工业化地区的政府在经济发展中扮演的角色的研究。温铁军教授在《解读苏南》中认为苏南模式的核心是"地方政府公司主义"，苏南模式转型是全球过剩产业资本扩张和强政府控制下的低制度成本相结合的现象。

　　"地方政府公司主义"这个概念，表明了地方政府在经济发展中扮演的重要角色，同时也令人对其产生误解，从而引申出一系列批判性命题。有学者认为，政府原来经营企业，后来经营城市、土地，深度介入经济，是产生经济结构扭曲、财富分配不均、土地资源粗放利用等现象的原因。这种观点未能理解地方政府"经营"城市的过程。深入苏南乡镇政权的实际运作逻辑，就会发现这种概括过于简单。苏南地区乡镇政权确实深度介入经济，但这种行为并非没有合理性。下面以我在苏南H镇的田野调查为例，说明乡镇政权推动工业化和城镇化的逻辑。

一、乡镇的机构和职能

苏南模式是一种形成于20世纪80年代的，以乡镇企业为核心的，有明显区域特征的经济发展模式。经济意义上的苏南模式在90年代中期后随着经济体制改革而不复存在，苏州地区自此走上了外向型经济发展道路，大规模招商引资，成为经济发展最快的地区。

H镇是苏南模式向新苏南模式转型的典型地区，在大规模改制前夕的1993年，拥有158家乡镇集体企业，工业总产值达到10亿元。2000年之后，H镇开始建设新型工业园区，拥有特色的镇级（主体是工业园区）经济，2016年成为高新技术开发区的主体规划区，在十几年内从传统的乡镇企业大镇转型为工业经济大镇。这是乡镇企业改制后苏南经济发展的又一次重要变革。改制解决了集体性质的乡镇企业的代理人问题，而工业园区则解决了大工业经济发展的模式问题，涉及土地制度、经济管理体制机制的重要改革。相对于几个邻镇，H镇较早地摆脱了对乡镇企业的依赖，走上了外向型经济的发展道路。这是今天H镇工业经济占所在区总量的三分之一的重要原因。

相对于街道仅仅是一个派出机构，乡镇政府直接驱动工业

　　　　　　　　　　　亦城亦乡

化和城市化，有完整的一级政权。2014年苏州市在16个经济大镇试点"扩权强镇"，地方政府整合各部门形成强有力的乡镇政权。相对于街道"三科两办"的简单架构，H镇的行政机构设置复杂，在镇党委会之下设立两个综合性办公室和八个专门的局，分别是：党政办公室、社会治安综合治理办公室、经济发展局、组织人事和社会保障局、综合执法局、社会事业局、城乡建设局、财政和资产管理局、市场监督管理局和行政审批局（便民服务中心）。城乡建设局和经济发展局这两个部门特别值得注意，前者向内主导农村拆迁，腾退出土地，形成城乡规划，布局经济社会发展，规范和管控城乡空间；后者向外主导招商引资，制定经济发展规划，通过引入、服务工商企业快速推进工业化和产业转型升级。

城乡建设局设有拆迁办、村镇建设科、市政办、物业科、城乡一体化办等科室，职能主要包括拆迁安置、建设城乡基础设施和管理农民建房。2017年，原农业服务中心改为城乡一体化办，因为地方领导认为农业属于城乡一体化的内容，应归并到城乡建设局。该局当时共有工作人员23人，其中公务员5人、事业编4人、人事代理1人，其他是一般聘用人员。按照规划，H镇在2017年仍处于大规模拆迁阶段，各类拆迁安置是城乡建设局最重要的工作。至2016年年底，已拆迁6229户，除规划保留村庄1185户，还有4000多户要拆迁，2017年上半年已经拆除500户。

经济发展局设有企业服务科（综合科）、科技人才科、招商科和统计科（后来并入），职能主要是招商引资、服务企业

（包括供地、技改等），在建立工业园区及建设高新技术开发区过程中发挥了重要作用。该局有工作人员22人，其中公务员3人、事业编10人、人事代理2人、其他一般聘用人员7人。经济发展局为企业提供优质的公共服务，发展局汤局长认为H镇的优势在于乡镇政府学习昆山"保姆式服务"的精神，在土地、生产、建设、生活、招工、教育等方面进行全方位服务，比如早期政府有优惠的土地供应，50年使用权只需要企业支付每亩4万元的费用，税收方面进行"两免三减半"，社会保障方面不做强制要求等。

二、乡镇在工业化中的角色

从以上分析可以概括出一个结论，即乡镇政权主要服务于工业化和城市化。这里的工业化主要指以工业区为基础的工业化，城市化则是推动农村人口转移集聚到城市。工业化是城市化的基础，而乡镇政权在其中发挥重要的主导作用。

地方政府主导的工业化有三个互相关联的层面。首先是征地拆迁，由乡镇（街道）政府主导进行，旨在为工业园区建设提供土地。中国农村实行土地集体所有制，征地拆迁就是政府依法依规把土地收回统一配置，为大规模的工业和城市建设提供空间。在分散的农村工业化时期，土地利用高度碎片化，城市和农村空间混杂，和现代化建设对土地利用的要求不相符。其次是土地开发，是政府通过大规模基础设施建设把"生地"转为"熟地"的建设过程。土地开发由乡镇政府组织，具体由

"市政办"执行，在开发区—街道建制下，街道专门负责征地拆迁安置，开发区则负责土地开发。苏州地区一般执行的是苏州工业化园区的"九通一平"标准，建设内容包括道路、供电、供水、供热、燃气、排水、排污、邮电、有线电视和土地平整。最后是招商引资。在城市开发中，发展经济是最终目的，地方政府建设工业园区就是要大规模招商引资，充分发挥地方政府调控经济发展的功能。在经济发展的早期，土地资源较丰裕，招商引资的门槛较低。经济发展到一定阶段，土地资源紧张，地方政府提高招商引资门槛，注重引入产值高的高新技术企业。

地方政府在提供公共品、促进经济发展的同时，通过土地使用权的有限期市场化获得了经济发展带动土地增值的部分，即"土地财政"，其制度基础是20世纪80年代末开始确立的国有土地有偿使用制度。土地财政的主要功能是为城市建设提供资金。从全国的数据来看，2014年土地财政收入达到4.2万亿，其中约80%属于成本补偿性费用[1]，即主要用于补偿政府前期的征地成本和城市开发成本，可见土地财政构成城市开发建设的主要来源。在实践中，土地财政收入主要来自约占四分之一的商业和房地产用地，体现了城市发展的客观规律。城市开发的一般规律是工业化带动城市化，地方政府的土地开发次序一般是先工业用地，再商住用地。工业用地的价格是很低的，各地方政府进行竞争，甚至出现了"零地价"招商的现象。单从这

1　刘尚希：《正确认识"土地财政"》，《中国国土资源报》2015 年 6 月 8 日。

一点看，地方政府是亏本的，然而从长远看，工业化带动人口聚集和商业、房地产的发展，地方政府通过竞争性出让商业和住房用地，能获得大量土地出让收入，足以补偿前期的投入。在苏州工业园区，工业用地一般是协议出让，底价是每亩22.4万元，而商业和房地产用地的价格高达每亩上千万元，构成了城市建设资金的主要部分。有了巨大的财力，地方政府才有能力继续进行城市开发，形成经济发展和土地财政收入的良性循环。学界批判地方政府通过"经营"城市获得土地财政收入，忽视了土地财政收入是土地非农使用的增值收益归公，是合法而非非法的，是公共而非私人的。地方政府把这笔资金投入城市开发，提升经济发展水平，取于斯、用于斯，不同于土地私有制条件下具有剥削性质的土地收入。

总之，政府在工业化中发挥的核心功能是提供经济发展的平台——工业园区（开发区），水电路、光纤网络等是经济建设的基础设施。工业园区也是公共品。它既是物质性空间，也是制度性空间，园区内企业的生产经营有上下游的产业链和专门的公共服务，能够在最大程度上减少交易成本。一般来说，建设工业园区需要有土地、规划、发改、建设、财税、劳动等部门的配合。土地为建设提供空间，是所有建设的前提，地方政府必须掌握大片土地才能按照规划向工商业企业分配。中国的土地制度赋予地方政府征地权力，形成了中国特色的土地开发体制，有利于地方政府调控土地资源为经济发展服务。

三、乡镇在城市化中的角色

批评观点还认为，现行征地制度对农民不公平，农民没有分享土地增值收益的权利。依现行土地制度规定，政府征收土地按被征收土地的原用途给予补偿，征收耕地补偿费用主要包括土地补偿费和安置补偿费，两者之和原则上不超过土地被征用前三年平均年产值的30倍。2004年之后，征地制度改革的重要方向是提高征地补偿水平，改革完善征地补偿方式，保障被征地农民长远生计。苏州的经验是形成了"土地换社保""宅基地换房"等制度，通过财政再分配保障农民长远生计，促进农民深度融入城市。在此过程中，集体和农民形成了对现行城市开发模式和土地制度的高度认同，这也是该地区征地拆迁和谐有序的社会心理基础。

"土地换社保"在各区的标准不同。如苏州市X区地方政府为被征地农民办理社会保障的基本政策是：18周岁以下者一次性补偿6000元，18～60周岁的劳动力政府统一采取社保安置，为个人建立社保账户，包括个人账户和统筹账户，并通过征地补偿及从土地出让金中提取的收入为其缴费11.4年。由于第二轮承包中，农民已经把责任田交回集体，现在只需签订协议退出人均0.5亩口粮田，就可以获得政府分配的11.4年的社保，按照每月400元的社保费用来计算，约5万元。目前11.4年社保缴费条件下，农民每月领取退休金约870元，缴满15年社保，每月就可以享受约1250元的退休金。从数额来看，农民从社保中获得的收入比单纯的征地补偿多得多。

　　大规模征地往往伴随着农村房屋的拆迁，各地方政府有其特色拆迁补偿政策。由于拆迁补偿利益巨大，各地围绕拆迁政策形成的利益博弈一直比较激烈，如何公平公正地建立拆迁制度一直是难点。苏州市通过"宅基地换房"创新拆迁政策，形成了和谐拆迁的秩序。据调查，苏州市X区的基本政策是：标准户安置房屋大小各一套，共180平方米，双子女户可以多安置一套大户（110平方米），四世同堂的家庭可以多安置一套小户（70平方米）。农民获得房屋补偿、宅基地补偿等加起来50万～60万元，补偿不高，但购置安置房的成本也非常低，一般来说，多层为每平方米800元，有电梯的高层为每平方米900元，农户在购买相应标准面积的安置房后还剩余20万～30万元。当地的拆迁政策相当优惠，把农民一次性迁入城市。

　　征地拆迁补偿对农户而言具有巨大的社会意义。大多数普通村庄的农民融入城市主要依赖自身的市场能力和家庭的代际支持，形成代际接力的城市化模式。苏南地区的农民在自身和家庭支持之外，能够通过征地拆迁优先获得政府再分配的收益，是相当大的优势。调查发现，在苏南地区，郊区农民仍然是城市劳动力市场竞争中相对弱势的群体，他们在20世纪80年代就已经非农就业，但仍然只是初步融入城市经济社会体系。如果在城市扩张过程中，政府通过征地拆迁，向农民分配社会保障和安置房，无疑将增加他们在城市中的竞争力。

　　由此，苏州的城市扩张不仅是城市规模的扩张，也是城市化质量的提升，体现了"以人为核心的城镇化"的新型城镇化要求。从社会学角度，可以把苏南的城镇化分为两个阶段：一是乡镇企业和小城镇阶段，工业化把农民从有限的土地上解放出来进入非农劳动力市场，农民进城而没有融入城市，处于半城市化阶段；二是工业园区和城市化阶段，政府通过征地拆迁把农民彻底地从集体中解放出来，纳入政府主导的城市再分配体系，体现了社会主义国家性质和共同富裕的要求。相对于集体，国家通过汲取城市现代经济剩余，能为农民提供更多、更公平的社会保障，构成农民深度融入城镇的基本条件。当前限于经济发展水平，苏州地区的做法还仅限于发达地区，然而这种土地制度所构建的国家和农民的关系的性质是普遍的，发达地区的制度安排是欠发达地区未来的方向。

珠三角的村集体性质

一、"大公司"和"小政府"

村集体经济组织的性质是珠三角农村工业化地区的重要问题。中山市西郊L村刘书记形象地说，村集体既是一个"大公司"，又是一级"小政府"，概括得非常到位。"大公司"讲的是村集体具有经营集体资产和分配集体收益的职能。这个公司有一定市场属性，然而主要是政治性的。公司实行"民主管理"，缺乏科层制权威，因为公司资产是农民个体通过"入股"形成的，村集体和每一个农民（股民）的生计息息相关。

"大公司"属性和中国农村基本经济制度相关。农村基本实行土地集体所有制，土地属于集体，农户有土地使用权。农村不仅有基层治理组织，还有集体经济组织。在大多数农村地区，集体经济空壳化，集体所有资产非常少甚至负债，不存在公司化经营的空间。在少数发达地区的农村，集体有庞大的资产存量。苏南的村集体就相当于政府，村集体从土地和资产中获得租金收益，但是接受自上而下的行政支配，缺乏起码的收益支配权。北京地区的村集体也成立了公司，但其更富个人化色彩，农民缺乏对公司的制度化制约，集体资产的公司化经营有大量灰色空间。

在珠三角，村集体还要负责本村的基层治理事务，这就是"小政府"。地方政府在构建基层治理模式时，把大多数事务"承包"给了村集体。政府下达的行政任务，如治安、计划生育、环境卫生，转化为村集体内部的公共事务，所需资金和村两委干部的工资都来自村集体经济收入。这种转化依赖两点：一是村集体维持基层治理秩序是集体获得租金收益的条件；二是村集体干部不仅是村社区的当家人，还兼具政府的代理人角色，有义务贯彻上级政府布置的各类政务。

这是中山郊区农村的经验。但在采取了激进的"政经分离"政策的深圳郊区农村，村集体经济组织改制为股份制公司，和行政村（现今为社区）彻底分离了。原来村的大多数支出都来源于村股份制公司，村书记一般兼任公司董事长，政经分离后，公司不再负责行政村公共事务。由于具有对经济的支配权，股份公司董事长的权威比村书记大得多，农民办事依然要找到董事长，因为村书记难以做决定。深圳市有雄厚的资金支持新成立的社区专门做好公共服务，中山市则没有这样的条件。

二、成为"大公司"

村集体的公司化是一个经济发展模式转变和制度建构的过程，下面以中山市郊区的L村为例说明。L村面积约2.16平方公里，非农建设区0.91平方公里，基本农田1200多亩，交通十分便利。截至2015年年底，村户籍人口3575人，外来人口6000人。由于良好的区位，L村是所在镇最富裕的村，拥有经营性建设用地375亩（包括国有和集体所有），集体经营收入每年近7000万元，股份分红每股12300元。该村还有一块100亩左右待开发的商服用地，村集体经济收入还有上升空间。

与苏南地区类似，L村的集体经济在20世纪70年代末到80年代初也是依靠集体经营工业，在70年代中期就开始由大队发展集体工副业，因调动劳动力的需要，1976年由大队决定，经济核算单位统一到大队，"方便管理""方便规划"，有利于发展生产，提高集体经济收入。1984年实行分田到户，当时集体共有3000亩耕地，人均分配约1.2亩。1984年左右，集体工副业主要有编织场、养鸡场、养兔场、养猪场、缝纫厂、建筑队、农机站，吸纳劳动力300多人。

20世纪80年代末，"三来一补"外资企业开始进入L村，村集体开始全面转向"地租经济"。1988年，L村利用华侨关系引入第一家"三来一补"企业，开启了依赖工商业地租经济的历史。接着有10多家外资企业落地L村，村级经济全面转向地租经济，集体不断积累资金投入物业建设。到2015年年底，村集体拥有经营性建设用地约375亩，建设了4万平方米厂房、22万平方米商铺。其形成大约经历三个阶段：第一阶段为1988—1993年，集体把原来的学校、仓库用于出租；第二阶段为1994—1997年，工商业扩张使得对土地的需求增加，集体就在集体所有土地上建设工厂和商铺；1998年之后为第三阶段，地方政府开始规范土地管理，集体在符合规划的条件下才可以申请把农用地转为建设用地，土地可以自用也可出售给个人或企业。在2000年后，地方政府为了规范管理土地，推动办理土地证。

村集体通过不断积累和投资，建成了现有的物业，每年为村集体带来7000万元左右的租金收入，随着城市扩张，集体还要增加物业数量，收入还要继续上涨。这些租金收入是如何分配的呢？在苏南，这些收入用于公共管理及公益事业，一直没有分红制度，农民以劳动参与工业化。在珠三角则很早就有分红制度，这源于土地利用方式及农民地权意识。以农村工业化方式作为解释的起点，珠三角核心地区的农村，工业化主体是外来"三来一补"企业，村集体直接出租土地或厂房，经济收入方式是地租。不同于原来村集体办副业时基于企业经营的剩余分红，现在村集体通过出租集体土地获得地租收入，土地来自农户，那么集体就有向农民分红的义务。在这一方式下，农民以土地承包者身份参与工业化，土地非农化的收益应当分给农民。农民通过村民代表大会约束村集体的支出，因为集体经济是农民的，不是村干部的，支出超过2万元就要经村民代表大会多数通过。

发源于佛山市南海区的农村集体资产股份制改革从法律上确认了上述地权观念及背后的农民和土地利益的关系。1992年，南海区就开始探索土地股份制，初衷是整合分散的承包地以适应农村工业化的需求，具体做法是农民自愿以土地入股到经济合作社，凭借土地承包权利分配集体经济收入。L村在2003年进行股份制改革，当时一共确定了3300名股东。量化的资产是包括耕地和经营性建设用地在内的所有经营性和非经营性资产，根据2003年清产核资数据，资产总价值为123698267.52元。股份制改革把全部集体资产（包括土地）确定给特定的村庄成员，构建了集体资产和个体成员之间清晰的利益关系。此外，股份制在经济基础上的改革还包括在原村两委组织之外形成了董事会、监事会和股东代表大会等新的经济组织，形成对村干部的监督（在珠三角，这比政府监督更有效）。股份经济联合社的资产主要来自农民入股，其目标是股东利益的最大化，不同于传统的、有很强的公共利益属性的集体经济组织。股份制改革从制度上强化了农民和集体经济收入的关系。在股份制改革之前，通过分红制度，农民和集体土地收益之间已经建立了事实上的联系，改革后，这一联系得到了法律的正式承认，个体化地权意识进一步加强。原来农民认为土地是集体的，自己只是承包经营，而股份制改革明确告诉农民，土地就是农民的，集体土地是由个体农户土地入股构成的。

三、作为"小政府"

相对于苏南地区，珠三角的乡镇政权是弱政府，对集体土地、经济收入和村两委干部缺乏约束力。不过，珠三角基层农村也并未陷入失序，由于村集体强大的治理能力，农村还保持基本的秩序。要注意的是，这里的集体主要指的是村民小组（自然村），而不是行政村。X镇有15个行政村，是2002年由28个村庄合并形成的，但是合并之后内部矛盾很大，集体经济单位仍然在村民小组（地方称行政村是一级集体经济组织，村民小组则是二级）。例外是2016年Y村通过利益驱动和社会的动员，把村民小组成功合并，形成了统一的经济核算单位。

村干部工资和村级公共品主要由村集体负担，是集体作为治理主体的最好体现。在这种治理模式中，政府仍然把促进村级经济发展摆在重要位置，因为经济不发展，村集体没有收入，村干部工资、村级基本公共品就无法保障，村干部承诺的福利增长就无法兑现，社会秩序就会出问题。因此在珠三角农村，可以发现集体的经济体量和村庄治理面貌呈高度正相关，不稳定的往往是集体资源较少、缺乏区位优势的村庄。

2017年之后，L村的村两委全部交叉任职，前村干部6人，实行坐班制，上班时间为周一到周五，上午8点半到12点，下午2点半到5点半。除两委外，还聘用一些工作人员：村办公室一般干部10人、治安联防队35人、外来农民工特别委员3人、老年人活动中心和村广场管理人员10人，另有村监事会5人，每月对村收支进行核算监督。这里不计算经营和管理资产的"准干部"，如服装城管理人员。村干部及其他管理服务人员工资由村集体经济支出，2016年共计约200万元。书记工资每年约10万元，一般干部6万～8万元，相当于普通打工者的两倍。

几乎所有村级公共品均由村集体提供，村集体对辖区内的农民或居民负责，是一个完整的"小政府"。地方政府主要起监督和服务功能，没有像苏州一样建立服务型政府。像L村这样的富村福利相当好，穷村的福利则比较糟糕，刚性的村民医保支出也很难保证，呈现两极分化状况。

发达地区的治安问题很突出，有大量的流动人口需要基层政府管理。苏南地区的做法是把原来的非正式人员变成地方性正式人员。如苏州通过"辅警"制度把治安员职业化，使其成为注册的编有警号的正式人员，由乡镇（街道）来支付工资和进行管理，业务上则接受派出所指导。而珠三角农村对治安辅助人员的职业化管理还未开始，仍由村集体雇用非正式人员组成治保会，由分管治保的村干部管理。其职能包括消防、安监、司法调解等，主要职能是配合上级公安部门进行治安巡逻，控制事故（路面）现场，协助公安人员，主要工具包括监控、巡逻车、警棍、头盔、防暴服、扎带（用于扭送嫌疑人）。按照属地管理原则，治保会主要管理范围0.91平方公里，包括老旧住宅区和新住宅区，辖区内有10多个或大或小的小区、40个小厂房和大型的村集体物业。如果算上农田保护区，总面积达到2.2平方公里。治保会成员工资每月大约3000元，村干部反映："招聘人员比较难，招不到本村村民，要从邻村（福利待遇差的村）村民中找。""村里有钱也不能加，加得多，其他村治安巡逻员就不干了，要考虑大局。"目前治保会成员共39人：治保会干部7人（治保主任、巡逻队长、副主任各1人，委员4人）；巡逻队伍24人，实行三班倒，每班8人；村监控室8人，实行四班倒。

其余公共品还包括环境卫生、水电路、广场、文物、体育娱乐设施（如老年人协会场馆等）、学校等。村卫生整体承包，按照每月6万元支付费用，范围是村庄居住区。村每月象征性地向居民收取2元的卫生费，如果有出租房，则收取30～50元。文物保护方面，村集体投入了1400万元修缮祠堂群及庙

　　　　　　　　　　　亦城亦乡

宇。教育是最不具有公共性的，L村依然出地出钱，例如2009年修建村小学，村集体就投入了800万元，现在每年仍然向小学投资几十万元。水电路亦是如此，可以说L村几乎自行供给了全部公共品。

由于村集体如此重要，地方政府的重要任务是从各个方面扶持村集体经济发展。在长期实践中，地方政府和农民就土地制度安排达成了共识，冲突是例外，秩序则是主流。地方政府非常乐意看到集体经济的增长，没有试图垄断城市土地开发机会，主动让利给农民，这体现在种种政策上：允许集体通过"三旧"改造获得土地增值收益；一直未收取土地增值收益调节金，把全部收益留在集体内部；在不得不进行的基础设施建设的征地拆迁中，帮助集体争取土地指标，给予市价补偿；为防止基层政府侵占集体土地，还设置了非常严格的征地程序，征用土地必须经全村农民签字通过，赋予村集体土地处分权。

四、国家和农民关系的类型

对村集体性质的研究可以延伸到经典的国家和农民关系问题。在珠三角地区，农民和国家之间横亘着异化了的集体经济组织——股份制公司。国家通过赋权村集体土地非农开发，让村集体获得了巨额利益，却在追求经济和社会现代化过程中越来越陷入和农民的紧张关系中。在农村集体经济的运行机制中，珠三角农民的利益和集体经济组织紧密相关，农民在集体庇护下获得利益份额，分红的欲望不断膨胀，那么集体必然要求增加土地开发权利，这又必然和城市规划、农村社会公平价值相矛盾。由于农民通过强有力的利益纽带集结起来，国家很难深入基层，只能维持现有的均衡。

在浙江地区，农民和国家之间横亘着一个经济精英阶层，他们通过经济经营和竞争性选举获得村级权力，进一步加强经济权力，对村庄中下层形成压制。解决之策是国家强有力地介入基层社会，通过村级权力的制度化和党建力量的介入打破基层经济精英对村级权力的垄断，增强中下层群众的权力。

在苏南地区（包括上海），农民和国家直接对接，村干部就是国家在基层农村的代理人，国家和农民之间没有任何地方精英阶层的阻隔。在工业化和城市化进程中，政府把农民纳入城乡一体的社会保障体系中，农民市民化了，在现代化进程中分享到更多资源，显示出较高的政治经济地位。其问题是地方政府可能因大包大揽而面临巨大的财政压力，尤其基层乡镇党委书记的经济压力很大。但这反过来推动地方政府主导经济发展，通过经营城市获得高额土地收入。

人口大镇的"总支"

党政军民学，东西南北中，党领导一切。乡镇政权也不例外，乡镇党委在其中发挥核心作用，向上承接县委县政府下达的各类政务，向下回应农业农村提出的各类问题。具体实践中，乡镇政权实行的是以党委为核心的双重权力结构，主要的是纵向的"党委—总支—村支部"的结构，横向的则是党委成员负责联系县直单位在乡镇的派出机构，起到辅助作用。

以湖北省X县WG镇为例，其乡镇党委结构包括三个方面。

首先是乡镇党委自身，共9人，属于领导班子。党委书记是乡镇党委的第一责任人，对党政事务负总责，一般从外调入。据办公室工作人员介绍，1990—2018年，镇里经历了11任党委书记，短的1~2年，长的不超过5年。这是县委保持对乡镇领导权的一种方式。

其次是乡镇党委成员分管职能部门和分包村庄，各成员既有本职工作，也有分管和包村工作。由于干部较少，各个干部身兼数职，党委书记和镇长在分管中心工作的同时，也有驻村任务。如副镇长Y分管民政、企业、村镇规划、土地、环卫、"两新"征收，主管城建城管、招商引资等工作，驻W村，联系Y村。分管领导对所驻村镇和联系村的各方面负责。

最后是乡镇总支书记分片管理，督促落实各项工作。与大城市郊区不同，X县经济不算发达，乡镇社会治理任务不多，总支结构比较简单，主要发挥督促落实功能，办公室主任S曾在2003—2014年担任总支书记，他的体会是比在乡镇机关工作"轻松得多"。

总体来说，总支是乡镇政权通过党组织重构方式向农村基层的进一步延伸，也是解决问题的第一线。按照乡镇干部介绍，"总支承担了乡镇90％的工作任务"。通过总支，国家有效地动员行政村以运动的方式贯彻国家政策，取得了很好的效果。除税收、财权外的所有工作都要在总支完成。与WG镇相比，武汉市X区W镇的总支更为实体化，目前5个总支一共22人，有4个行政编制，18个"以钱养事"干部。

W镇曾经在2005年取消总支，后来在2011年4月1日恢复总支以加强乡村治理。W镇一共有53个村，人口有10万人，规模相当于一个小县。2011年，街道计划生育、换届选举、安全治理等方面工作压力大，恢复总支有利于增强基层治理，当地干部说："总支干部对这一片情况熟悉，能够对矛盾的复杂性有预判。"

总支这一层组织发挥作用的机制可以概括为以下诸方面：事本主义，面对大量没有明确政策的事务，需要灵活地处理，不出问题；身体在场，总支组织体现了乡镇政权的"在场"，因此需要基层干部走入基层群众中，熟悉主要的治理事务、对象和技术等；总体包保，总支书记对辖区内所有村庄负责，乡镇党委选好得力的、熟悉地方情况的总支书记，就省心不少；

政治压力传导，通过总支，乡镇自上而下动员社会的力度增加了，不同于村干部，总支干部是乡镇正式干部，是国家正式官僚体系的一部分；刚柔并济的关系，镇党委书记和村之间是正式的关系，镇书记不可能熟悉每一个村书记，而且要保持足够的权威，总支书记和村书记则是半正式的关系，既有公关系也有私关系；本地化，相对于流动性很大的领导干部，总支书记是本土化的官员，深嵌地方社会。

总支和村的关系很紧密，其工作方式是和村打成一片，了解本地情况。一位总支书记介绍说："每天要么下村，要么到乡镇，本地农民都认识我，600多党员，我认识300多人。"总支代表乡镇，要给村干部支撑，协调村干部之间的关系。总支一般每月最少开一次支书会议，事务繁多时开多次。这是乡村治理的重要会议，是动员村庄贯彻国家政策的最前线。比如2018年的重点工作是村庄环境整治，按照政策，全村的厕所牛栏要拆光平整，工作量很大。上级要求做标准化公厕，但是补助有限，一座补1.8万元，剩余的经费要通过其他渠道筹措，这就要看书记的能力。相对于镇里各条线的干部，总支书记是管总体的、管全面的，也是具体做事的。比如村支部换届选举，总支书记要摸底走访，听取老党员老干部的意见，走访有觉悟的有威信的群众代表，经过和他们协商确定基本的人选（党员推荐），选举就不难了。总支产生基本人选后，向分管组织的副书记和党委书记汇报，然后经党委推荐、五部门（纪检、计生、政法、组织、派出所）考察，再进行组织选举。

目前，总支工作最重要的任务是处理村庄内部的矛盾。社会稳定问题具有突发性，总支要和村一起应对各类突发事件。"任何突发事件都要去"，总支要到村的第一线解决各类矛盾和问题。如，2017年正月十一日凌晨1点多，某村突发"闹丧"事件。52岁的甘某在卫生所打针，突然倒下，送到医院未抢救过来，家属和医生争执不休。医生要求解剖确定死因，死者家属出于风俗原因不允许解剖。经过总支和村两天半的调解，一方面让医生多出钱，一方面让家属少要钱，事件得到解决。这类非正常死亡事件每年都要发生五六起，解决不及时会导致农村不稳定。

　　　　　　　　　　　　　　　　　　　　　　　亦城亦乡

乡镇干部的激励

一、收入及晋升机会

整体来看，中西部农业型地区的乡镇干部收入偏低。2016年，我在河南省XW县调研发现，当地政府普通科员月工资为2500元，副科级干部2800元，正科级干部的年收入也没有超过5万元，确实不高。乡镇干部工资收入由职务工资、职级工资、国家津贴和地方津贴四部分构成。不同地区乡镇干部工资差别体现在地方津贴上，上海、苏州等地的乡镇干部年收入普遍超过10万元，而中西部乡镇干部一般在3万～5万元。乡镇干部也理解工资偏低的原因，由于地方财政限制，他们不奢望能大幅度提高工资。令他们感到不满的是由割裂的干部身份带来的工资、福利及晋升机会的不同。

20世纪八九十年代，大中专毕业生进入乡镇政府可以享受干部身份，包括行政编和事业编干部两种。2002年开始实行"逢进必考"，2005年原行政编干部全部登记为"公务员"，和事业编干部之间的差别逐渐扩大，工资福利分配的不公平逐渐成为问题。公务员涨工资主要依靠提升级别，而按照政策，事业编干部要想涨工资，就必须去考会计等各类技术职称，但这些职称在日常工作中基本无实用价值，无端耗费干部精力。近几年随着公车改革、职务职级并行等措施不断推进，占乡镇干部大多数的事业编干部无法享受改革成果（比如没有车改补贴），身份带给他们的不公平感越来越强。

晋升机会的分配不公是更容易激发不满的因素。基层乡镇干部的提拔机会本来就少，每次一个乡镇只能分到一两个指标。而按照现行人事政策，一般只从公务员编制中提拔干部，事业编干部的提拔机会基本被截断了。这对他们的工作和心态造成很大的负面影响。

二、做乡镇干部的组织后盾

乡镇干部是党的政策的具体执行者。但当权力与责任失衡时，相对于县直部门干部，乡镇干部总是处在矛盾的前线，经常"挨板子"，思想顾虑很大。要解决这一问题，党委政府必须敢于担当，从组织上支持他们依据法律和政策办事。

在查处各类违法行为过程中，乡镇缺乏足够的治理资源，但动辄成为被追责的对象。如拆除违法建筑，这本来是国土、规划等执法部门的责任，但这些部门拆不下来，就通过县压到乡镇。乡镇是没有此类执法权的，因此一旦出了事情责任就是乡镇的。还比如安全生产、环境保护。按照规定，乡镇只有宣传和协助执法的职能，但按照属地管理原则，出了问题都是乡镇的责任，这导致乡镇干部战战兢兢，整日处在行政风险中。

乡镇干部是代表组织做工作，组织的支持和肯定是乡镇干部底气的来源，上级党委政府无原则地问责、处分会让乡镇干部寒心。身处一线的警察、城管、医生、教师等也都是如此。要激励乡镇干部积极作为、敢于作为，党委政府主要领导干部首先要有担当。正如地方县委书记所讲的："领导干部代表着组织，代表着组织的态度，领导干部不担当让普通干部如何担当？"

2015年起，XW县决心改变相关体制机制。主要举措是在全县评选"敢于担当"人物，由各乡镇和县直单位推荐，在县层面评选，每个季度推选"敢于担当"干部5～7名，由县委书记亲自颁发证书。这些都是在基层敢于坚持政策原则、敢于攻坚克难的优秀干部。对这些干部，党委的态度是：具备提拔条件的优先提拔，不具备提拔条件的给予重用，安排到重要岗位上。这一措施极大地鼓舞了基层干部的士气，改变了基层的政治生态。

三、"暖心工程"

长期以来，乡镇干部奋战在一线，努力贯彻党的路线、方针和政策。一位镇党委书记说："乡镇干部不是拿工资，喝茶水，看报纸，逛大街。""每天很充实甚至很辛苦。"近年来由于环保要求，秸秆防火成为XW县乡镇干部的主要工作。"三秋""三夏"防火期间乡镇干部每天早7点到晚10点在地头待命，"最紧要的那几天，晚上干部要睡在地头防火，女同志、男同志都在麦地里睡，早上点名和吃饭均在地头"。清明节和除夕当天，为防止老百姓上坟时引发火灾，乡镇干部还要上山防火。

为此，XW县党委用"暖心工程"把组织关怀渗入到干部工作和生活的细微之处。镇党委书记说："乡镇干部也是人，只有你把他看作是一家人了，他才会用心去干。"事实也表明，"暖心工程"把乡镇机关变成一个共同体，形成共同干事业的机关文化，激励了在艰苦环境中工作的基层乡镇干部。这里仅举几例。

改善乡镇干部工作环境是XW县很多地区迫切的工作。由于经济困难，许多乡镇办公楼长期得不到修缮，破旧不堪，有的已经成为危房，影响乡镇干部的工作。2014年，Z镇申请一笔资金装修了破旧的办公楼和宿舍楼（当地夏、秋季各要防火1个月，值班乡镇干部会住在宿舍），更换门窗、粉刷墙壁，还在宿舍安装了空调、热水器，为乡镇干部值班营造良好的工作环境，温暖了乡镇干部的心。

组织的关心也体现在生活的细微之处。在乡镇干部生日时，乡镇食堂会为其煮一碗鸡蛋长寿面，在LED显示屏打出"祝XXX生日快乐"的字样，党委书记还会亲自发一条祝福微信。干部说，这条微信"就像是一架小推车，推着我们认真工作"。三八节，党委书记带头为妇女职工发微信红包。在春节前，团委会牵头帮干部托管孩子，辅导做作业、做手工。干部父母病了，领导亲自去看望，力所能及地解决经济方面的困难，等等。

表彰优秀的乡镇干部也很重要。在XW县，县委书记表彰优秀乡镇党委书记的方式是给他们的父母送"感谢信",这极大地激励了基层干部。一位乡镇党委书记说:"县委书记到我父母家里看望,送一封感谢信,说我表现很好。这个效果比发奖金效果好,这叫面子,父母有面子,有自豪感。"镇党委书记、镇长对普通干部激励的作用也很明显。一个普通干部为了迎检忙着在村里打扫卫生,镇长去督导时表扬了她,说"辛苦了"。这名干部非常感动:"我没想到他会表扬我,当时很感动,起码自己做的工作领导都看到了,工作得到了肯定,能激励自己工作。"

乡村两级的非正规财政

湖北省X县农村是典型的农业型村庄，青壮年大多外出务工，村庄中主要是老人、妇女和儿童，是"留守村庄"。由于地方政府财政困难，下乡资源数量并不多，村庄处于"底线治理"状态。乡村基层组织和干部的主要功能有三：贯彻国家政策、照料老弱病残、维持村庄稳定。税费改革之后，乡村两级的财政问题一直没有解决，各类创收或"讨钱"成为基层乡村的重要工作和衡量干部水平的重要标准，由此基层乡村两级财政延续了之前"非正规"的特征。

财政问题严重制约着农村发展。在苏南地区，村普遍成为预算单位，经济发达村使用本村收入，经济薄弱村使用转移支付的收入，村级运转经费普遍在每年300万元以上。中西部地区的村级收入很少，主要依靠转移支付，除维持运转外，各类基础设施建设也需要经费。但这些资金并不是制度化地输入乡村，而是村干部（主要是书记）努力"讨"来的。

以S村为例，村主要支出包括村干部工资、村民小组长的补贴、环境卫生费用、基础设施维护费用、办公经费等，每年总计需15万元左右，其中至少有8万元是不包含在转移支付范围内的。2017年，S村获得的部门收入包括：扶贫部门4万元、发改部门3万元、城乡规划部门2万元和环卫3万元。相对于项目收入，这些收入可以较为灵活地用于村级公益事业和公共管理支出。如果需要建设，还得另外申请经费。

"讨钱"背后是财政不能按需要均衡地投入农村。但这个非正规的财政体制也最大程度地激活了村庄治理，可以解释村庄和村庄之间国家财政投入的差异：差异不取决于村庄区位或村集体经济收入，而取决于村组织尤其是村书记的积极性和村庄社会内部治理的活力。

有底气向部门"讨钱"的村书记一般是先做事，后要钱，只有做事了，才能借此要求上级部门支持。这些事情可能是物质性的建设，如新农村建设，也可以是配合上级部门的服务性的部分，比如环卫、医疗等。由于各个村集体经济收入差不多，也很难有村庄凭借优越的地理区位引入社会资本建设，因此决定各村建设面貌的主要是村集体动员农民筹资的能力，以及村书记积极向上级政府及各部门"讨钱"的能力。

"讨钱"中的"讨"很妙，它有四个特征："讨"的钱不多，从几千元到几万元，极少有大笔经费；"讨"来的钱用于维持村级运转，只能算底线的目标；对象基本是县乡两级各个职能部门，也有少数可以上升到省、国家，这靠的是"庄外的庄里人"关系；"讨"不单是向上级政府及职能部门要求施舍，而是有一定合理性的，政府及各个职能部门，包括学校、卫生院这些公益性服务部门均要村庄配合工作。比如县环保局在村里建设污水处理厂需要村做大量的协调工作，如协调征地、占地、管线建设等，环保部门也有义务支持村维持运转。

总之，"讨钱"有一定的体制合理性。通过非正规财政，国家调动了村干部和农户投入的积极性。"一事一议"财政奖补资金项目与之类似，它构建了一种村和村互相竞争的体制，农民要通过积极自发投入换取国家的奖扶资金。"一事一议"项目供给的是细小琐碎的公共品，从几万元到几十万元不等，涉及农村道路修通、广场修建、亮化工程等，该制度明确了村内户外的公共品不完全是国家兜底的。

乡镇也缺乏足够的收入。乡镇书记和镇长最重要的工作是"找钱"。总体来看，税费改革后的中西部村庄维持了非常简约的行政体系，运转经费也非常紧张。除工资外，一个乡镇一年的运转经费水平仅仅相当于苏南或珠三角发达地区一个行政村的。X县WG镇有6万人口，是2003年由两个乡镇合并而来的，2017年时只有36个公务员。据镇长介绍，乡镇每年除工资外需要400万元维持运转，目前的来源是：200多万元的土地指标收入、100万元的解困收入、税收返还收入10多万元、奖励收入60万元。

在镇长看来，基层站所中最重要的是派出所、财政所和国土所，其他基本不发挥作用。

派出所是乡镇基层综合治理的核心部门，乡镇几乎没有强制的权力，必须和派出所搞好关系，必要时得请派出所配合。财政所也很重要，在党委领导下，财政所对乡镇和村级各项收入支出进行管理，防范资金使用风险。乡镇国土所的重要性在意料之外，它可以通过运作土地整理项目和腾退土地指标为乡村获得收入，而不是出于土地管理的需要。

国土所的运作有些复杂，据调查，国土所在1998年后不再收土地使用费，目前最重要的任务是为乡镇运作增减挂钩和耕占平衡项目提供技术支持，主要工作内容是"找地块"。可整理的农村建设用地包括废弃学校、公路、自然湾，农用地主要是容易复垦为耕地且坡度低于25%的荒山荒坡。在2010—2016年间国土所累计整理出1000多亩土地增减挂钩指标，每亩土地县政府向乡镇支付约1万元，年均创收200万元以上。X县在农用地整理方面也非常积极，方式主要有两种：对农田结余面积的整理和针对低缓丘陵的土地整理。后者又被称为"林改耕"，即二调显示为林地而实际现场是耕地，这就很好做项目。如果是荒草地和小灌木丛就要进场施工整理为耕地。目前制约这类项目推进的主要是林业部门和国土部门的数据库不同，国土部门只能做数据没有重叠的部分，指标整理出来后，再由县政府把节余的卖给省里。

X县从耕占平衡指标中获得了巨额的收入，对于县政府而言，这是投入很少、收益巨大的项目。X县建设速度很快，2014年，库存耕地占补平衡指标不到1000亩，连一些重点项目用地都无法保障，从2015年起，X县启动耕地开发整理项目29个，在县委县政府的统筹下，国土、林业等部门通力协作，两年净增耕地29468亩。据测算，将荒地、残次林地改造为耕地，每亩成本在3000～5000元之间。X县投入近1.5亿元，新增耕地3万亩，售卖1万亩指标获得15亿元，不仅获得了10倍以上的收益，而且还预留了2万亩耕地占补指标，足够该县10年的项目建设所需。

2018年影响乡镇财政收入的事件之一是乡镇城建所恢复向

建房户收费。城建所恢复之后，迅速走回了收费维持运转的老路，被乡镇视为潜在的创收渠道。囿于身份、执法权和体制机制的问题，城建目前仍难发挥执行农村规划的作用。新一轮土地制度改革过程中，如何通过基层体制机制改革增强农村土地管理能力依然是一个问题。

土地和基层治理能力

土地和乡村治理的关系是为学界津津乐道的主题。土地不仅是经济资源，而且是重要的乡村治理资源。广泛的田野调查表明，土地管理能力是社会治理能力的重要标志，主要表现为村集体调整土地利益的能力。

一、强化集体土地管理的村

土地是农村最主要的资源，它不仅是农民的生产资料，还是村集体经济组织的主要治理资源。"治理资源"不仅指土地作为物质资源为村集体提供经济收入，还意味着土地是一种制度性、权威性资源，村集体可以通过调整土地利益来促进农业农村现代化，从而有利于乡村振兴战略的顺利实施。

湖北省钟祥市湖山村的治理做得好就和回乡的郑书记强化集体土地管理有关。郑书记原来在外做生意，回乡任村书记后，用3年时间重点整顿村庄集体土地承包经营秩序：依法清理被社会闲散人员无偿或通过不规范合同廉价占有的集体土地；划分农户个人应当享受的承包土地，把余下的全部作为集体机动地规范发包，杜绝"关系田""黑田"及隐性集体资产资源流失。

2020年夏天，我在湖北省宜城市黄冲村调查发现，村级治理秩序和集体土地管理高度有关。该村是丘陵地形，耕地面积较多，有1.2万亩，村庄机动地也较多，有1500亩。村两委书记王某是多届的老书记，在他的领导下，村集体每5年发包一次，签订规范的承包合同，每年集体经济收入20万元左右。这些收入成为国家转移支付的补充，成为村庄供给公共品、发放村组干部工资、慰问困难党员、组织公共活动等事项的经费来源。

保持一定土地调整权力的村庄也是农业农村现代化程度最高的村庄。在农业现代化方面，黄冲村很早就意识到现代农业生产力的发展需要大地块，第二轮承包时，农民自发地将土地承包经营方式改为连片承包。有的农民原先承包到土地质量较低的地块，集体就给他增加面积或分配较少缴纳税费的义务。最近10多年，由于交通状况的改善和农业化肥的应用，土地的自然质量不再是影响农业产出的主要因素。土地承包经营的地块在土地整治后更趋于归并集中，形成了现代农业的土地资源基础。

在农村现代化方面，黄冲村在1972年就开始组织农民集中居住，由集体组织出工出钱建农房。新一轮集中居住在2006年国家提出新农村建设战略之后推行，经过约5年，基本完成了集中居住。新居民点由村庄统一规划，土地来源于集体和农户协调，通过换地（用机动地补偿农户损失的承包地、开荒地等）、货币补偿的方式进行。村集体规定，退出的宅基地归集体所有，但可暂时由个人使用，但是一旦在该处规划进行农业或非农业建设，则个人需无条件服从规划。集中居住之后，结合个人、集体资金投入和国家项目资金投入，村居环境有了根本改变，由此成为宜城市现代化程度最高的村庄。

二、强化赋权个人不可取

目前，中国城镇化进程已进入中后期。十九大报告首次提出乡村振兴战略，其重要内容是农业农村现代化。农业现代化的一项重要内容就是整合分散细碎的土地，形成适应现代农机农艺应用的规模经营；另一项重要内容则是规划向乡村延伸，建设生态宜居新农村。

强化土地制度供给是2018年中央一号文件提出的乡村振兴的路径之一。在实践方法上流行的是产权经济学派的主张，主要是继续强化个体权利，包括农户的承包经营、使用宅基地和自由处分土地的权利等。

持强化个人权利观点的学者认为，赋予农户个体更大的权能（主要是自由处分权能），能让农户从自由处分转让土地权利的过程中获得财产性收益，增加收入。这种观点把土地视为资源性财产。在发达地区的农村和城中村、城郊村，农户的土地权利可能意味着巨额货币财富；而在普通农村，土地只有农用价值，一亩土地可能只有1万元。因此，强化个人权利对于绝大多数农户来说没有意义。

土地不仅有资源性价值，而且是现代社会有效治理的基础。乡村现代社会形成的必要条件是现代的土地制度，要在个体和公共的土地权利之间保持平衡。在乡村振兴过程中，土地制度改革在保障个人权利的基础上应当更多地强调土地的公共属性，这不是意识形态的产物，而是生产建设的发展需要。土地作为自然物，具有不可移动、不可再生的属性，是一切生产和建设之必要条件。片面地强化个人权利，国家、集体和农户关于土地的权利义务关系就可能陷入失衡，土地利益就变得难以调整，最终损害乡村振兴。

中国通过土地改革等举措建立了以公有制为基础的土地制度，总体上恰恰避免了许多国家在现代化建设过程中遭遇的土地制度陷阱。我把这种建立在集体土地制度上的公共治理模式称为"集体土地治理模式"，它在城镇化建设、乡村振兴过程中的普遍实践，表明了集体土地制度和乡村有效治理的有机关联。在集体土地制度框架下，形成了相对平衡的围绕土地的权利义务关系，基层组织因此能够顺利解决分散土地占有和乡村振兴的整体规划之间的矛盾关系。

三、城乡规划和土地制度

众所周知，现代城市建设必须要有规划，建设必然不是绝对自由的。最发达的城市的规划必然是精细的，内容包括建筑的高度、密度、样式、结构和占地面积等。城市是人口密集场所，建筑的外部性很强，必须以严格的规划制度保障每个人的安全和福利。

因此在全世界的发达城市，规划都是一项制度性要求，越发达越需要规划，也越需要国家介入土地管理。缺乏规划的地区就可能沦为充斥黄赌毒的贫民窟，政府无法进行管理，最终被地方灰、黑色势力控制，成为城市的毒瘤。

相反在传统的村庄，缺乏规划的意识和严格的规划用地制度是农业社会的常态。随着农民收入和生活水平提高，这种常态正在造成人居环境的问题，在拥挤的北方村庄最为典型。由于耕地占比很高，居民点用地短缺，需要国家和集体介入农民建房，村集体有最基本的规划有利于提高土地的利用效率；如果村集体缺乏制定和实施规划的能力，农民建房就会分散无序，村庄就会变得"脏乱差"。

四、结语

现代社会，无论是城市还是乡村，由于建设需要，都要解决土地分散占有和整体性建设的关系。规划一方面是工程技术上的，另一方面则是实施层面的，这就关系到土地制度和基层治理能力。越是土地公有，土地利益调整越具有合法性，交易成本就低，相反越是土地个体权利大，土地利益调整越是不合法，交易成本高，建设可能到处碰到"钉子户"。

因此不难理解，中国城乡发生日新月异的变化的重要原因之一就是土地公有。在农村，农业现代化和农村现代化的重要前提是集体土地制度还在发挥作用，这大大减少了分散的土地占有和农业农村建设之间的矛盾。从实施乡村振兴的角度，国家要充分发挥这种土地制度的优越性，真正服务于农业农村现代化发展。

社区和乡村治理现代化

全国都在创新基层治理机制，建立服务型基层组织是主要内容之一，许多地区学习城市基层治理，把农村改为社区，建立社区服务平台。这和发展阶段有关，原来的管理是要保底线：计划生育要严格执法、农业税费要及时收上来、宅基地要严格控制在规定面积之内、征地拆迁任务要完成等。经历了30多年，乡村治理硬性管理的内容减少，更多是服务性内容，如民政、社保、文体活动、环境卫生、农业技术服务、物业等。越是发达的地区，基层组织服务能力就越强。

一、街道和社区概况

苏州市某区的C街道成立于2014年，管辖范围是2007年从H镇划出的、之前暂托管给开发区的7个村。相对于乡镇，街道是区县的派出机构，仅有社会管理职能，缺乏乡镇具备的招商引资、土地管理、规划等经济建设职能。通过设立街道办事处和基层社区，治理体制由农村转化为城镇，经济建设职能上收，社会管理职能下移。

街道组织结构比较简单，可概括为"三科两办"：党政办、综合科、社会管理科、社会事业科、纪检办公室。干部总计43人，其中公务员15人、事业编干部6人、聘用人员22人。聘用人员大多担任正股级干部（科长），副科以上均是公务员领导干部，原先的事业编自动转为公务员。下属的二级单位包括村、社区、城管中队、环卫站，还有村级联合公司下辖的5个公司，这些公司的年利润共1000万元。经过10年的大规模征地拆迁，绝大多数农民已迁入新社区。到2016年，街道一共有4个社区，我将以在二社区的调查为例说明乡村治理的社区化。

二社区位于街道东南侧，是由原来的7个行政村拆迁安置而成的涉农社区，总面积0.36平方公里，社区居委会于2010年7月被批准成立。辖区内有3个居住小区，90幢住宅楼，200个楼道，3146套住宅，常住人口6000多人，外来人口2700多人，现有楼道长29名。在社区工作的干部共17人：社区两委干部9人，其他一般人员8人（包括大学生村官、退居二线人员、聘用人员和义工）。

为了更好地为居民提供服务，社区干部有仔细的分工。除总支书记是"全面工作"外，每个村干部均有本职工作，即各自的条线工作。退居二线的干部（当地称"退职不退休"）负责一些专门事务，如干部廉某就专门负责居家养老、文体中心，又协助小区创建活动。条线工作中有一些相对固定，如居委会主任陶某的条线工作是"宣传、社区管理、社区服务中心、联系物业"，这是相对固定的常规工作；而党总支副书记赵某的是"组织、拆迁安置、联系物业"，其中"拆迁安置"就是阶段性的中心工作。

二、职业化的社区干部

该社区干部的关键特征是职业化，村干部就是"干部"，区别于一般群众，该群体具有如下特征。

（一）工资收入高，工资等级化。社区干部和街道干部一样领工资。相对于乡镇，开发区街道干部的工资偏高，正科级的年收入是40万元，副科级28万元，一般的公务员20万元，正股16万元，副股14万元。社区书记可以拿到20万元，级别相当于街道的正股，但其职位相对重要，故工资略高，其他村两委相当于副股，一般工作人员则是6万～10万元之间。干部工资有严格的等级，其他村干部工资按照书记工资的一定比例来发放。体面的工资收入是激励村干部的重要手段。奖励和处罚直接体现在收入上，社区书记说："弄个党纪处分就扣3万元，去年有一个书记因收了两条烟被处分，扣减30%当年工资。在二社区，去年有12户应该拆的户没有拆，扣了24分，相当于扣了2000元。"

（二）职业非常稳定，职业化程度高。社区干部是一种稳定的职业，只要不犯错误，干部就能一直当下去。与浙江农村不同，选举不影响这种稳定性，即使社区干部在本社区"得罪人"，难以开展工作，政府也会调动安排他到其他村或其他单位。因此，在苏南地区，村干部是不错的职业，收入高且受人尊敬，名牌大学的毕业生也愿意来当社区干部。

（三）严格实行坐班制。和街道办事处一样，社区干部的工作日是周一到周五，工作时间是上午8点到11点，下午1点半到4点半，中午在社区食堂吃午饭。无论是否有事情，坐班是必要的，是绩效考核的重要部分。

（四）专业化的分工。"条线干部"制度是最为典型的体现，街道各科室对应政府各条线，社区各干部也有众多条线，如居委会主任就负责宣传、环境、卫生、防汛、联系物业等多个条线。社区的条线干部之间分工不如县以上那么彻底，这是由基层社区治理的综合性决定的。

相较而言，中西部村干部仍然是兼业的，工资仍具有补贴性质，如湖北省中部农村的书记在2015年左右只能拿到2万元的年薪，工资不如农民工，这样如何留得住村庄精英？因此在中西部农村，要么是中农出任村干部，要么是村干部通过兼业经营成为中农。这种情况下，村干部就不可能坐班，同时由于干部数量太少，也不可能形成较明确的条线分工。

珠三角村干部也是职业化的，实行坐班制，收入却远没有苏南村干部高，也没那么有财政保障，他们的工资由村集体支付，因村集体收入归全体农民所有，农民不会给他们很高工资。浙江农村干部则是非职业化的，村干部每星期到村办公室一天，反而是不参加选举的聘用干部（文书）每天坐班，发挥了很大的作用。在中心工作任务繁重时，乡镇派驻的联村干部发挥了重要的作用。北京郊区的农村则又不同，干部职业化程度很低，工资由村集体发放，也是不坐班的，办公场所相对破旧，缺乏维护。如在平谷区，直到2017年，地方财政才开始给村干部发放固定工资并形成绩效考核制度。

三、村级行政化

村干部职业化和村级组织的行政化是两个不同的概念。职业化表明其不同于原来的兼业干部，具有了稳定性、坐班制、按规则和程序行事的特征。村级组织的行政化则反映村级和乡镇（地方政府）的关系，行政化程度越高，村级组织越是地方政府的下级组织，村民自治的空间越小，村干部越是政府的"代理人"，主要任务是贯彻上级政策。

在苏南地区，无论"社区"还是"村"，乡村治理都高度行政化，街道（乡镇）有力地控制着村，与北京郊区、浙江和珠三角农村都有很大不同。村级行政化的形成原因，可以从三个方面解释。

首先是财务方面。据一位老会计回忆，1999年左右，原乡镇实行代理记账制度，村集体的收支归乡镇统一管理，当时支出包括村干部工资、村级公益事业建设、办公经费、招待费等。2006年之后，村/社区逐渐成为一个预算单位，实行集中收付制度，如果没有任何经济收入来源，财政就全拨款。乡镇在村/社区设一个报账员，专门做预决算和报账，原村级账户上有钱，村里也不能自主决定用钱。目前社区是预算单位，二社区一年工资支出大约100万元，物业管理经费约400万元，日常办公经费比较少，相关建设（比如办公室装修）需要另外申请项目。也就是说，集体经济是"公"的，街道对集体经济收支有完全的权利，与此相关的经济发展权利也完全是服从发展大局的。比如村集体辖区的优质企业被要求搬到工业区，村集体就损失了数十万元的租金收入，但没有村干部或农民提出意见，村干部反而十分高兴，因为不影响个人工资和村组织运转，他还不用操心如何管理了。按照一位村书记的说法，乡村工业能发展起来，"一靠政策，二靠机会，三靠书记会经营"，因此一个村的集体经济收入不绝对属于该村，更不能分下去。

其次在土地方面，相对于浙江和珠三角等地，苏南地区的政府一直严格管理土地，村集体和农户均无权处置土地。集体建设用地（乡镇企业用地）是特定历史时期的产物，在20世纪70年代中期，原某镇卫星村就划出500亩土地作为工业园，成为后来卫星村发展乡村工业的基础。各村在20世纪八九十年代和21世纪初均发展了一些乡村工业，但不允许私人使用集体土地进行建设，也不允许农户建房多占宅基地或者建高层楼房。2005年后土地政策收紧，政府不允许分散工业化，工业要进园区。2006年，划入产业园的7个村庄开始大规模征地拆迁，不再允许农村进行住房和工业建设，集体被取消一切经营开发土地的权利。

最后在人事方面，该地区的村、社区干部相当稳定。从20世纪80年代起，村干部就是一份职业，有体面的收入和保障。基层党组织对村两委干部有较强的掌控力。按照惯例，社区干部一般从后备干部里培养。书记是核心，上级考核只针对书记，绩效考核和书记工资挂钩，书记对各条线上的干部进行考核。

四、社区治理的问题

社区在基层治理从"管理"向"服务"转型中发挥了很大作用，同时也存在一定的问题。在二社区，社区为居民提供服务的成本太大了，形成了居民"等、靠、要"的惰性，而当社区的服务没有底线和边界时，行政效率就会变得低下。

就拿回应和解决群众诉求的平台来说，目前主要有三个。一是12345投诉平台，按规定，居民投诉后政府把单派到街道，街道派到社区，必须要解决，一般以3天为限。干部反映，有些事情好处理，就是要"办事留痕"，材料不好做。一个楼道灯泡不亮，解决问题5分钟，可前前后后做材料需要50分钟。从调查来看，12345投诉平台的优点是能提高办事效率，缺点是鸡毛蒜皮的小事都涌入这个平台，提高了行政成本。目前居民投诉最多的是物业相关的事情，社区干部反思说："为什么小问题不向社区报告，而是打12345，这不是给社区制造麻烦吗？"二是110平台，居民打了110，社区警务室必须马上派人到现场，做笔录，且要有一个人专门摄像、拍照和录音，最后由打电话的人在出警记录上签字，上传到苏州市公安局。问题是出警90%以上是解决小事，多的时候一天有十几个报警电话，内容包括吵架、移车、偷车、赌博、纠纷等。按照规定，"有警必出"，大事小事都必须去。在二社区，警务室就在小区内，因此相对于12345，居民更喜欢打110解决问题。整个街道只有9名正式警察，却有180名辅警日夜巡逻，二社区有1名正式片警、23名辅警。辅警都是职业化的，年收入大约5万元。这需要极高的成本。三是信访办，信访是人民群众的权利，也是中央政府和地方政府解决实际问题的重要机制。不过当地各项事务都有非常制度化的安排，很少有灰色空间，大家都不认为可以通过信访给地方政府施加压力来获得超出正常范围的利益。有人选择信访一般是因为政府在办事程序上确实存在问题。比如某村农户原来曾口头委托书记代他在合同上签字，到补偿时，他认为书记代他签字有程序上的问题，不同意协议上的补偿。为顺利征地，街道以树木比较大为理由多补偿了30万元。

比较各类机制会发现，12345是市委书记主导的，是监督基层街道和村社干部的制度。政治是一门平衡的艺术——在过于紧时，需要宽松一点，否则基层干部整日忙于应付办小事的程序，就没有积极性了。110、信访也是如此。无论在哪种制度中，接线员完全是上传下达的信息员，缺乏甄别能力，无论什么样的事情都要受理，其中就包含大多数完全可以在村社内部解决的事情，这些事可以进行简约治理，做到"小事不出村/社区"。

国家是要办好小事，但不是要行政部门去大包大揽，要有所为有所不为。把每件小事情都通过类似12345投诉平台纳入官僚系统办理，明显就是在浪费行政和财政资源，基层干部疲于奔命，群众还不满意。二社区居委会主任举例说，目前社区事务主要是物业负责，从观念上，老百姓觉得物业为他们服务理所当然，要求很高，应缴的物业费却收不起来。目前该物业公司在二社区有物业服务人员80多人，包括保洁、保安、门岗、绿化人员等，足够为群众服务了，然而老百姓还是先找社区，社区不得不再去协调物业。因为"老百姓分不清社区和物业，混为一谈，政府（社区）管得太多了，不是该管的也要管"。

　　我们主张在该简约治理的时候就应当简约治理，政府不要管得过多、过细；在应该复杂治理、调动行政力量来解决的时候就应该复杂治理，不能模糊、粗放。有些物业方面的小事，应当明确交给物业公司和居委会去做。有些政府购买服务的项目，如青少年提升能力计划，应让市场去做，老百姓有需求就自然有市场来回应。

第六篇

乡村振兴

土地整治和乡村振兴

从全国范围的调查来看，乡村振兴的最大一部分资金用在了土地整治上，争取土地整治项目成为地方政府的重要工作。然而，土地整治触动了农村土地利益，往往引起诸多矛盾纠纷，使得地方政府对土地整治又爱又恨。中国是只有18亿亩耕地的、人地关系高度紧张的国家，发挥土地整治项目的效应，有力提升农田标准，是国家的战略性议题。解剖皖中一个农业村庄的成功经验可以发现，问题并不是无解的，经验是在克服困难的实践中探索出来的。关键在于发挥村社集体的主动性和创造性，把农民群众充分地动员起来，创新土地配置机制，形成承包权和经营权分置的新格局。

一

沈弄村位于安徽省芜湖市繁昌区东郊，峨山镇的最北端，人口约4500人，1150户，村民小组24个，耕地面积6200亩。村书记坦言："仅依靠这些土地，村民的温饱问题都没法完全解决。随着村庄人口的增长，人地矛盾更加明显。"随着改革开放的步伐，村民"八仙过海，各显神通"，各方面的积极性被极大地调动。

依靠县郊的地理优势，沈弄村非农就业比其他中西部地区早10年左右。非农就业主要分为三类：一是小商小贩，该村有贩卖茶叶的传统；二是进城从事建筑业，做木工，这是传统手艺；三是到县城服装厂等小企业务工。2000年以后，村庄劳动力非农就业比例持续增加，农户离开土地的趋势明显，同时由于土地细碎化和分散化，以及农业基础设施的限制，留守农户耕种面积普遍在3～10亩，少数能达到20亩。这两方面因素相互作用，造成了严重的土地抛荒困境。"没有充足的劳动力种田，是我们当时最头疼的事情。"村干部回首过去时无奈地说道。

在这种背景下，村集体认为只有集体主动推动土地流转，才能解决土地抛荒的问题。税费改革、新农村建设之后的土地整治为此提供了契机。2007年开始，作为试点村的沈弄村先后获得三个土地整治项目，村庄耕地基本完成整治，应该是全国较早的整村实现土地整治的村庄了。从现场看，项目区已具有"田成方，林成网，路相连，旱能灌，涝能排"的现代农田格局。

二

土地整治后最大的困境是原来承包地块的位置变动了。

"没有明确的地界，有的村民就会担忧会不会失去土地。"在沈弄村这样的平原地区，土地整治项目不可避免地会打破田埂，如何分田或者说如何重新配置土地权利，成了棘手的事。村书记说："标准田块面积基本上是确定的，没有办法按照原来的方式把土地面积分割到户，否则土地整治就没有意义了。"

地方政府和村集体协商，确定了"虚拟地块"的确权方案：政府给土地整治区农户发放"耕地权益证书"，在后续国家统一确权时，写入确权证书，载明受益面积，而不再有明确的四至边界。这相当于把承包权"股份化"，打破了传统的固定在特定位置的承包经营权，从制度上把承包权和经营权分置了，这是非常具有前瞻性的。

与之相关的问题是，土地整治后的土地面积减少怎么办？比如修建机耕道和水沟等基础设施的占地超过复垦田埂、填埋坑塘新增的面积，土地总面积确有减少。"当时我们也没有预料会出现这个问题。"村书记说道。考虑到历史形成的土地所有权单位，村集体决定把土地按照同增同减确权到村民小组；在村民小组内，同样按照同增同减分配给农户；最后采用"耕地权益证书"的方式，确定承包权面积。

一开始，村民的意见有很明显的分化，赞成、中立和反对的人数大体相当。深谙群众工作的村两委以村民小组为单位，下组分别召开村民组长、党员和群众代表会议。"这样就可以抓住重要的人物，统一他们的思想。"村书记说道。

接着按照村民同意、中立和反对的顺序分别开会，最终原先中立的村民中赞成的达到了90%，原先反对的村民中赞成的也有30%。"这样就可以不断地孤立少数。"对于"顽固的少数",村干部、村庄能人会继续做思想工作。最后在村民组大会中,以少数服从多数的原则,顺利通过新方案。

还有一个焦点问题是,预期的征地利益如何分配?沈弄村处于县郊,在城市继续扩张的背景下,土地可能会被征用。村干部很明白,"一旦征地,就很可能出现为了争取利益而导致的矛盾"。分配的办法是:除去一定比例的村集体留用部分,征地收益按照村民小组内农户承包面积平均分配,征地收益分配后,耕地受益面积也相应调整。"由于事实还没发生,谁家原来的土地可能被征收也是未知的。"最终绝大多数农民同意了征地收益平均分配的方案。

这样即使有征地补偿,少数农户说"这块田是我的",也是没有意义的。村书记解释道,因为一方面,已经有村规民约规定如何分配征地收益,反对的农户会受到约束,另一方面,农户获得的虚拟化、股份化的"承包权",村民没有权利处置。

三

解决了承包权这个最根本的农户利益问题,经营权配置问题就自然得到了解决。

按照群众的意见,土地整治后的土地经营权配置,"保证本村民组优先经营土地的权利,可以选择最好的田块",这就充分保障了本村务农户的利益。村集体为务农户划出了最好的地块让其经营,他们也就没有反对意见。但是,为了不破坏土地整治形成的"大田",村集体创新地采用土地经营权流转的方式调节农户土地收益:"如果农户经营面积超出承包权面积,则出租金,反之则获得租金;如果农户不经营土地,那么就委托村社集体流转,获得土地租金。"

这需要村集体组织土地流转,形成村社中介型的土地流转模式,其特征是采用村民自治的办法,充分尊重农户土地流转意愿。村集体围绕土地整治后的土地流转陆续召开四轮座谈会,主要参加者是村民组长、党员、村民代表、老干部和乡贤等村庄精英。经过多次的开会动员宣传,第一次土地整治后,最终85%的农户同意流转出土地,15%的农户反对。

如何确定土地租金是转出转入村民最关心的事情,这涉及分配有限的农业剩余的问题。村两委以及村民组长组织农户反复商讨,要确定一个合适的利益平衡点。"有农户提出每亩500斤水稻,有农户提出每亩600斤水稻,有的甚至提出直接给现金。"实际上,对于村干部和村民而言,土地的投入与收益是透明的。通过综合考虑土地流入者和土地流出者的收益预期,根据计算正常情况下土地的平均收益,村民同意将每亩土地的租金确定为一年400斤水稻,再根据上一年10月31日的稻价折算成现金支付(减少物价变动的影响),每年元月由集体兑付给村民。

最后是谁来流转土地从事经营的问题。第一批土地整治项目的实施遇到了两个客观上的问题:一是原有的耕作层被剥离,而地表熟土却被埋到地下;二是仍然存在地块高低不平问题,需要经营者自行推平。这导致了"农户不要土地,土地又无人承包"的情况。如何找到第一批土地规模经营者成为一个棘手问题。村书记说道："没人种田，给我们带来极大的负担，当时分管农业的副县长也很头疼。"村集体只能说服村镇附近的企业主流转土地。一开始，土地整治项目后的两个大户来源于大米加工厂和农资店老板，他们有能力大规模流入土地。然而问题是，他们不会种田，不愿意承包。最终政府不得不给予支持，主要是提供土地流转的补贴，每亩80元。

后续土地整治项目实施后，本村农户积极流入土地，形成了适度规模经营的家庭农场主导的现代农业经营格局，原因包括惠农政策持续加强、农业机械化和粮食价格提升。如粮食价格从2007年左右的每斤0.7元上涨到2015年的1.5元以上，租种每亩土地能获得600元的纯收入，经营100亩土地，只需要夫妻两人劳动3个月，就能获得6万元，这对普通农户有吸引力。

相对于大户，这些家庭农场的经营稳定性更强。他们采用家庭经营的方式耕作，一般不雇工，管理起来得心应手，在保障土地租金及粮食生产能力层面都是被认可的。

高标准农田建设项目的效益、问题和出路

　　建设高标准农田是提高粮食生产能力、保障国家粮食安全的关键举措。国务院办公厅在2019年出台《关于切实加强高标准农田建设提升国家粮食安全保障能力的意见》，提出到2022年全国建成10亿亩集中连片、旱涝保收、节水高效、稳产高产、生态友好的高标准农田。这依赖各类项目资金投入，主要有农业综合开发、"小农水"、千亿斤粮食增产、土地综合整治等。高标准农田建设项目在国家投入到农业农村的资金中占比很高，极大地促进了农业生产的现代化。同时，由于目前顶层设计有待优化，实践中还出现了一些问题。借鉴全国典型的可复制的经验，应该主要从土地权属调整角度入手优化顶层设计。

一、三坪村的高标准农田建设

　　三坪村是湖北省沙洋县毛李镇的一个普通村庄，包括村支部书记杜某在内，只有3个正式村干部，外加6个村民小组长。该村人口1009人，其中劳动力650人，耕地3460亩。目前三坪村的集体经济收入主要来源于扶贫项目投资，一共13万元，属于

外生型集体经济。2015年，三坪村在蔬菜加工厂项目投入了180万元，目前年租赁收入8万元；在光伏项目投入扶贫资金50万元，建设40千瓦电站，年收入5万元。

三坪村是著名的改革示范村。在2002年，三坪村就被水利条件倒逼，结合当时政府100多万元的项目投入，建设机耕道等基础设施，实施了"划片承包"。农户主要按照水利条件划分承包地，一个农户分配一到两片，对附近堰塘有使用权和管理权。2014年，政府启动土地承包经营权确权登记颁证，三坪村就在"按户连片耕种"的基础上确权办证，形成了沙洋县土地确权的新经验——"按户连片"后再确权，创造了写入中央一号文件、全国闻名的土地确权的"沙洋模式"。

土地确权登记颁证之后，三坪村获得了有政府投入的土地整治项目，这一成功有很强的示范性。三坪村项目是2017年冬季到2018年春季施工的，4组和6组是项目区，因为这两个村民小组最靠近主要公路。各级政府实际投入了800万元。主要建设内容有：片区内农户共有的83口堰塘全部清淤一遍；完成了所有通组湾公路；800亩土地的平整，其中6组的全部面积（700亩耕地）得到整理，4组部分面积（100亩，约20%）得到整理，按照规划，新机耕道宽度为5米，地块最少4000平方米；更新5个泵站的设备；修建1条水渠。

我主要关注800亩农田的土地平整工作，或者说"小块并大块"工作。这涉及土地整治是否最终达到"高标准农田建设"的目标。毫无疑问，三坪村的土地平整取得了巨大效益，田块变大、变得规整。

　　　　　　　　　　　亦城亦乡

在土地平整区域，田块被整理为方田，按照规划，新划的一块农田至少4000平方米，大型拖拉机、收割机及植保无人机得以高效运行。水利管理也更为方便，原来一块400平方米的田要开两个口子放水，现在4000平方米也是两个口子。之前沙洋县的"按户连片耕种"政策只是把土地从地理方位上连为一片，相对于20世纪80年代家庭承包制的初期有很大的进步，却依然解决不了小田块较多、田块不规则、道路水渠不完善的问题。土地平整项目则投入巨额资金，建立了现代农田格局，适应了不断扩大的农业经营规模、不断发展的农业机械化，彻底解决了农田基础设施问题。借助机械化服务，农业劳动力老龄化不再是问题，农业的规模经营成为可能。

在我调查的2021年6月，全村约有200户农业经营户，农业劳动力中，60～70岁的占一半，50～60岁的占近一半，40～50岁的只有十几个人。后者一般是"大户"，种植土地面积在50亩（此处按习惯亩，1亩为1000平方米）以上。他们通过民间流转种植了三五户的土地，其中经营规模最大的是"70后"的肖某，经营100多亩，其中30亩是"稻虾共作"。这一户有两个劳动力，"50后"的父亲和"70后"的儿子，机械化程度很高。在土地平整之后，一个60多岁的老年劳动力能种植50亩，并不需要雇小工，劳动强度大大降低。

有的地方扩大基础设施建设规模会减少耕地面积，造成矛盾。而在三坪村项目区，最终分配给农户的面积没有减少，因为尽管新修了机耕道、渠道，但同时减少了田埂、荒堰面积，平衡掉了新增基础设施面积。那么土地平整之后，地块位置变动，前几年办的权证是否需要更换？村干部和农户认为没有必要，因为农户土地权利受到保护的主要依据是确权本上的承包地面积，而不在承包地块。经过了"划片承包""按户连片耕种"的三坪村农户普遍意识到固守地块没有意义，并不符合长远利益。未来全村都要实施土地平整，地块都要变动，不可能固守确权本上的固定位置。

二、土地权属调整的问题

2020年7月，我在湖北省宜城市黄冲村调查，发现黄冲村因实施土地整治项目，农业、农村高度现代化，成为远近村庄羡慕的对象。进一步访谈得知，黄冲村的土地整治项目是从其他乡镇调来的，原因是那里的基层干部难以解决土地产权问题，而黄冲村书记给市领导打包票说："给我一个星期，我保证做通农民工作，同意签字率达到95%以上。"结果正如村书记所愿。为了争取这个几千万元惠及子孙后代的大项目，黄冲村干部每天到村民小组开会，做通了思想工作，只有极少数农户不愿意参与。

三坪村在土地平整过程中也面临一些问题，土地平整这件好事不好做。相对于清淤堰塘、修建农村道路，将细碎化农田整治连片难度更大，因为需要打破已有的农田权属格局。三坪村在2002年就通过"划片承包"完成了"按户连片耕种"，承包面积2014年通过土地确权固定下来，"按户连片"只是把同一户的土地相对集中连片，土地细碎化的格局却依然延续。

　　　　　　　　　　　　　亦城亦乡

当地的政府主管部门没有出台同高标准农田相配套的土地权属调整方案，需要村集体自行解决。而村集体没什么有效手段，特别是在土地确权颁证之后。如果项目落地困难，政府就调换项目区。三坪村的干部给农民做了大量思想工作后，在两个村民小组取得了不同的效果。出问题的是4组，有8户农户反对土地平整，因此政府在4组规划的400亩平整面积，最终只整了100亩。农户反对的理由是，"年纪大了，改的田不好种，种不了几年了"。土地平整后，前两年确实不易耕作，有的地方表层土剥离了，肥力一时难以恢复，有的地方泥土松软，机械容易陷进去等。不过这些情况到第三年就可以完全恢复。但地方政府、村集体并没有权力强制要求农户参与土地平整项目，所以政府不得不把其中300万元的项目资金调到其他村庄。这种临时调换项目区的事情并不少见。

村书记说："这些农户眼光太短浅了，思想转不过来。当时做工作，做得很生气，很丢人，不搞就算了，给个教训。"实践检验了村书记的判断，三坪村全村农民都看到了土地整治项目的巨大效益，都羡慕项目区农户享受的优越的基础设施条件。村书记说："现在他们都后悔了，都给我道歉，都想要土地整治项目。"未来三坪村再实施土地平整项目，应该不会再遇到农户思想意识的问题，也不会发生项目被迫调换的事情。然而其他许多村庄可能还会遇到类似的情形，未来的高标准农田建设要特别注意这一点。

三、总结可复制的经验

高标准农田建设项目要通过示范先行的方式来探索有效的实践模式。从粮食安全的战略高度看，高标准农田建设要解决的是公共利益问题，需要形成强有力的公共规则。上级政府不能完全放任让乡镇政府和村集体自行解决土地权属调整问题，也不能完全依赖村干部做思想工作。面对土地整治项目实施的困境，政府要拿出有效的制度化方案。重点难点问题是如何在稳定土地承包经营权利的基础上，把规划的项目区的土地统一收回纳入项目施工，然后依法、公平地分配下去。

在这方面，可以借鉴土地整治工作十分顺利的安徽省芜湖市繁昌区的做法。繁昌区自2007年以来的10多年，已经成功实施了12万亩左右的土地整治，并没有发生项目区临时调换的情形。其土地权属调整方案可以概括为"三权分置"，最终达到稳定集体土地所有权、稳定土地承包权、活化土地经营权的总目标。

繁昌区政府在土地整治项目开始之前，就设计了具有实用性的土地权属调整方案。地方政府赋权村集体统一收回项目区的土地纳入整治，第二年春季再分配下去，这样就不影响主要作物水稻的种植。个别或少数农户的反对是无效的，因为这是地方政府制定的统一规则，并没有损害个人利益，而是有助于公共利益，且不仅是村社集体内部的公共利益，还涉及提升农田标准、保障粮食安全的国家利益。在土地整治项目区内，地方政府主导发放"耕地权益证书"，载明土地面积，但没有具

亦城亦乡

体的地块和方位，稳定了土地承包经营权。如果项目区因修建基础设施减少了面积，那么区内农户就同比例减少一点面积，做到公平。区内农户可以委托村集体代为流转土地，收取土地租金。如果农户还需要耕种土地，政府就划分位置最好的地块给农户，最大程度地促进耕地资源的集中经营。在土地流转制度设计中，要注重土地流转的可逆性，防止大规模的农户回乡收回土地，守好土地流转的底线。

2016年开始土地确权之后，地方政府用土地承包经营权证代替"耕地权益证书"。自始至终，繁昌区在土地整治项目实施过程中坚持法律原则，同时制定有效政策，保持社会秩序稳定。其效益是，土地整治彻底改变了20世纪80年代初期以来的细碎化农业经营格局，无论是新型农业经营主体还是小农户，均享有现代农田格局这一公共品。如今，繁昌区的农业全程机械化率迅速提高到80%以上，旱涝保收程度提高，促进了粮食生产稳定，值得湖北省及其他中西部省份学习。

赋能基层：人居环境整治的"峨山模式"

从安徽省芜湖市繁昌区峨山镇的经验可以看出，人居环境整治的密码就是"赋能基层"，必须充分信任和激活基层组织，赋予其创新治理机制、调动农村内部社会力量的能动性。

一、第一场硬仗

人居环境整治关乎农民美好生活，也是社会治理水平的重要体现。它从2018年起成为地方政府的一项中心工作，是乡村振兴战略的"第一场硬仗"。我到全国各地调查，听到很多基层干部讲，人居环境整治是当下最重要，也是最难的工作。难在农民是分化的，农民思想观念并不是整齐划一的。在人、财、物流出农村的背景下，农村主要是老人，短期内无法转变他们的思想观念。另外，人居环境整治涉及的大多是一些小工程，其具体内容包括基础设施建设，治理厕所粪污、农村垃圾、生活污水等，这些工程牵涉千家万户，属于社会治理层面。因此政策执行需更加注重依靠农民和基层组织。然而依靠农民群众却不容易。

为了尽快完成上级任务，一些地方政府大包大揽，用工程化的理念，完全依靠项目制方式推进，政府取代农民成为整治的主体，整治内容、整治方式、整治后的长期维护等，都是政府说了算。政府在办好事，然而"好事不好办"，很容易把民生工程办成"民怨工程"，带来很多问题，如整治效率低、耗费资源过多、农民"等、靠、要"思想严重、政府负担过重。人居环境整治成为基层主要的治理困境。

2020年年底，我在峨山镇调研人居环境整治工作，则发现一番新景象。峨山镇地处繁昌区东郊，境内主要是丘陵山区，分布有万亩竹林，是芜湖市和繁昌区重要的生态屏障。该镇人口2万多人，有8个行政村，经过3年人居环境整治行动，获得了市级人居环境示范镇的荣誉称号。作为示范镇，峨山镇不仅通过项目资源的持续投入，快速提升了辖区内人居环境质量，而且从基层治理的角度，探索出所谓"峨山模式"的可持续的人居环境整治模式。我认为，这一模式的密码是"赋能基层"，充分信任和激活农民群众和基层组织，政府不再大包大揽，尊重农民的主体性。

二、激励农民群众筹资建设村庄

人居环境整治的首要工作是要完成村庄基础设施提档升级工程，不仅道路要硬化，而且村庄还要亮化、绿化、美化。税费改革后，农村基础设施建设越来越多地由公共财政承担。乡村振兴背景下，财政投入进一步增加，农村基础设施建设进一步延伸，村庄内部的道路等基础设施如何建设，成为问题。一些地区尤其是贫困地区，为了减轻农民负担、最快地完成乡村建设，政府完全承担村庄基础设施建设的成本。政府大包大揽的后果就是农民、村集体"等、靠、要"，正如峨山镇沈弄村的赵书记所说，"靠在墙角晒太阳，等着政府送小康。"峨山镇政府对此非常警惕，极力避免这一点。

峨山镇地处皖南，村庄社会有一定的行动能力，村民对其也有认同，因此可以自筹资金解决一些小的建设项目，政府只需要发挥引导作用。近5年来，沈弄村的村民小组道路亮化工程已经完成80%，方冲自然村是最早完成的，这完全是农户自筹资金建起来的，村发挥的是组织、引导、动员作用，主要依靠村民小组长、党员和村民代表。装路灯的成本不高，把路灯装在电线杆或墙角处，灯具费用大约几千元，电费并不多。装上路灯，沈弄村的人居环境提档升级，农民也享受到诸多便利，有利于下班回家（进城务工农民）、接送学生、傍晚散步锻炼、防盗等。

如果涉及稍大的工程建设，各级财政资金就要支持村庄，目前主要靠"一事一议"和市委组织部的"双联系"这两个政策，性质均属于"以奖代补"，针对的是村庄内部的公共基础设施建设，但并不是无条件输入。"一事一议"是国家层面的项目，前期主要用于修路，在乡村建设中发挥了很大作用。"一事一议"项目要求受益农民群众依据工程预算，先行筹资和提供路基，谁先做好前期工作，项目就给谁。这有利于真正激活农民群众筹资筹劳的积极性，防止了政策背离初衷。"双联系"属于地方性项目，是芜湖市委组织部在2016年提出的，

亦城亦乡

用于扶持村庄民生工程。市委组织部每年在全市选20个村庄，给予200万元资金支持。按照项目投放的政策，村庄自筹1.5万元可以申请使用7万元，筹资7.5万元可以使用10万元。作为乡村振兴的示范村，沈弄村过去几年成功实施了两个"双联系"项目。

三、赋予村级组织改厕责权

"小厕所，大民生"。在各地，改厕均是重点推动的工作，被称为"厕所革命"。在峨山镇，从2010年左右就开始实施改厕工程，采用砖砌三格式化粪池，政府验收合格后给农户补贴300元。当时卫生厕所的标准比较低，主要是缺乏严格的密闭措施。从2018年开始，地方政府启动新一轮改厕工作，2020年要求完成90%的比例。在实践探索中，汲取乡村干部、农民群众的建议，峨山镇探索出了改厕的新机制，即上级政府提供项目资金，乡镇政府负责项目实施，再由村组织村内泥水匠具体施工。这一做法不同于全国大多数地区，也不同于前几年政府统一招标实施的项目制。其本质是村级组织动员农村内部"乡土人才"的力量。事实表明，这种改厕方式，效率很高，质量也有保障，成本还不高，地方政府和农民群众都很满意。

乡镇干部讲："农村泥水匠参与改厕后，一个月的改厕数量超过正规企业半年施工的量。"因为这些"乡土人才"的数量十分庞大。峨山镇是一个劳动力输出大镇，其中有很多泥水匠，每村有几十人。他们平时就自己组织起来，形成了小型的施工队，承接农房建设等小工程。在标准化图纸和验收考核压力下，村级组织的泥水匠施工队也可以保证改厕质量。而且这些泥水匠和农民群众有感情，是熟人、朋友、亲人，他们有内在动力对改厕负责，这和外来施工队不同。外来施工队施工完成就走了，不一定尽心尽力，依靠政府或第三方监督始终有限，且由于是外村人，农民可能不买他们的账，不给水、不给电，导致施工受阻。本村泥水匠就不同了，"都是熟人，很客气，一些热情的农户还邀请施工人员留家里吃饭，派一包香烟"。

在预算刚性约束下，组织村内泥水匠施工的最大好处，是施工成本较正规工程企业低得多。他们当中，即使是小包工头，其获利预期就是相当于或者略高于外出务工的工钱。沈弄村的徐师傅给我仔细讲了这个道理。一个砖砌式化粪池，机械挖坑费200元，砖头砂石钢筋等建筑材料费855元，人工费1050元，总计需要2105元。通常厕所建在交通不便的地带，需要二次搬运，那么就需要增加费用，平均下来成本约2300元，向政府造价也仅有2300元，基本没有利润空间，就是赚个工钱。徐师傅坦言："做厕所不赚钱，作为包工头，个人还要垫资几万元，而政府的钱拨下来，需要走程序，又要很长时间才能到账。"

四、发挥村庄"理事会"的功能

在乡村建设中，项目落地涉及筹资筹劳、占地拆迁、农户庭院配套建设等，无一不需和农户打交道。从峨山镇来看，一个重要的经验是组织"理事会"，解决项目落地的问题。理事会原来是自然村层面成立的临时性社会组织，一般是服务于特定的乡村建设。随着人居环境整治持续推进，理事会这个社会组织有必要保留下来。

峨山镇的东岛村是2016年省级美丽乡村建设示范点。政府之所以把项目落到该村，有两个原因：一是生态优势和历史文化底蕴，该村是唐朝书法家李阳冰后裔集聚地，出过12位进士、8位举人，是远近闻名的村庄；而更为根本的原因是该村理事会的有力组织。该村2012年成立理事会修家谱，2013年重建了作为村庄荣誉象征的门楼，2014年自发修建道路。政府鼓励让东岛村这样的村庄做示范点，也对项目实施十分放心。村书记李某表示："群众投入得越多，回报就越多，犹如钓鱼一样，用蚯蚓能钓鲫鱼，用蚂蚱就能钓草鱼。"

理事会的功能发挥来源于村庄社会内部。理事会有1名会长、4名副会长，都是村庄的老党员、老干部、老村民代表等，德高望重。其主要工作是说服村民、调解矛盾，把项目建设转化为村庄内部、农民认可的公共建设。理事会的治理方式是非正式的。比如理事会按照一个人200元、一辆车300元的标准筹资，筹到10多万元。"自己出了钱，觉得这个美丽乡村和他有关。"谁有义务出钱是群众民主决定的，外出工作的非本村户籍人口也要出资，"这些人逢年过节要回来，人家出，他不出，没有面子"。筹资也是解决矛盾、形成共识的过程，"出钱并不是目的，而是手段，在出钱的过程中把农民的'怨气'

消掉了"。例如有7个农户在上次村庄道路修建中，已把门前道路硬化了，他们不愿意再出资，除非理事会把上次建设支出退回。理事会通过上门做工作、组织外出参观、动用村庄舆论压力，使其主动出资。有农户家门口没有规划路灯，因此农户在筹资的同时，希望理事会能够协调修路灯。项目规划本身很难修改，但是理事会可以动用自筹资金解决这些问题，化解这些矛盾。

东岛村的案例说明了村庄理事会的重要性，理事会可以化解那些细小琐碎的矛盾，属于政府难以直接治理的公共领域。村庄内部并非不能有矛盾，关键是矛盾不能长期积累，要找到化解机制。通过理事会组织，村庄矛盾得以化解，农民主动参与项目建设。这和政府大包大揽的效果完全不同。如果政府只想做好事，不注重动员农民，那么就不可避免会遭遇农民群众消极甚至抵制的态度，农民只会把项目建设当作行政事务，而不是村庄内部事务。

余江宅改经验

一、宅改背景

余江是江西中部的一个小县城，总人口38.5万人，其中农村人口30万人，2015年被国家确定为三项土地制度改革试点，承担宅基地制度改革试点任务。试点按规定延长1年后，在2018年迎来了收官，当下最重要的政治任务是总结3年多的试点经验和教训。

绝大多数中西部地区缺乏征地拆迁和工业化、城市化的机会，宅基地制度改革对农村的影响最大，不仅关乎农户的居住条件保障，还影响十九大提出的乡村振兴战略的实施，是农村改革最为紧迫的部分。2017年11月20日，十九届中央深改组第一次会议审议通过了《关于拓展农村宅基地制度改革试点的请示》，会议强调，在前期的实践基础上拓展宅基地制度试点范围，要严守"土地公有制性质不改变、耕地红线不突破、农民利益不受损"的底线，平衡国家、集体和个人利益，加快形成可复制、可推广的经验。

各个试点提供的经验可能不同，余江宅改最大的经验就是准确地回应了农民的改革诉求，通过强化制度性供给全域推进了美丽乡村建设，也为促进十九大提出的乡村振兴战略提供了一个成功的案例。

宅改的目标是提高基层土地管理能力，具体来说是在宅基地的分配、使用和退出等环节建立一整套适应国家土地管理要求和农村经济社会发展水平的现代化制度体系。不过单纯的制度建设，效果可能并不明显，原来国家和地方政府也设计了很多制度，但最终都没有落地，宅基地管理一直是真空地带。在这几年的改革中，很多宅改试点并不顺利的原因也在于此。对农民而言，土地管理是抽象的行政事务，并不是内生的诉求。有的地方，生硬地按照严格的法律标准追溯既往，要求农民补缴超占土地有偿使用费，否则不确权颁证，引起了农民普遍的不满，宅基地制度改革目标被异化。更多的地方，则在改革过程中向农民广泛宣传土地确权办证带来的"财产权"收益，试图激励农民积极参与改革，但事实证明这不能引起农民的兴趣。大多数农村处于中西部地区，确权颁证并不意味着更多财产收益。

与此不同的是，余江县鲜明地提出了要结合宅改推进美丽乡村建设，真正触碰到当前农民对美好村居环境的向往和滞后的土地管理能力的矛盾。最近三五年，农户建房更加追求美观，一些富裕起来的农户建设三层别墅房屋，有的农户还采用新样式，成本在30万元以上。和大多数中西部农村一样，余江农村缺乏基本的村庄规划，土地管理放任，村庄布局散乱，"有新房无新村""有新村无新貌"，居住环境存在严重的"脏乱差"问题。按照该县的统计数据，余江农村人口30万

亦城亦乡

人，农业户7.3万户，有113个行政村，1040个自然村，92350宗宅基地，7.3万户中有4.4万户是一户一宅，2.9万户是一户多宅，其中有2万处常年闲置，很多成为危房。此外，各村庄居民点还平均有10.2处各类生产生活辅助用房，包括厕所、猪牛栏、厨房、工具房、小作坊，影响了村庄建设。比如农村普遍修建了通村通组公路，可组内户外的道路却难以修通，不是因为没有资金，而是村庄布局混乱阻挡了道路的规划建设。一些常年废弃不用的"空心房"及废弃猪牛栏横亘在村庄各处，影响了村庄美观。这些问题是每一个农民都愿意解决的，政府把宅基地纳入规划和管理正当其时。

二、美丽乡村建设的秩序

在宅改过程中，余江县提出了"一改促六化"全面建设美丽乡村的宅改方针，农民感受最强烈的是"村庄面貌靓丽化"。一直以来，宅基地为农户提供居住用地，随着农民生活水平不断提高，宅基地功能也在不断扩展，如何通过宅改为农民提供美好村居环境成为重要任务。余江县的做法避免了就土地谈土地的单向度的制度建设，把宅改放到乡村振兴战略和人民群众对美好生活的追求当中去，真正做到了以人民为中心。

余江宅改成果众多，包括解决历史遗留问题、规范建房管理、节约保护耕地、促进城镇化、提高农村集体经济收入，这些成果支持了农村新产业新业态发展，但是最重要、最有显示度的是美丽乡村建设。与之相比，提升土地管理能力的制度建设成果则隐藏在背后。农民群众一说到宅改，直接内容并不是制度建设，而是美丽乡村建设。余江县美丽乡村建设的主要做法如下：

首先，从零开始全面建立村庄规划，把村庄纳入整个县和乡镇的土地利用和建设规划中去。到2018年，余江1000多个自然村全部形成规划，政府总共投入1500万元，平均一个自然村的规划费用1万多元，成本低廉。规划张贴在自然村的公共场所，指导着村庄各方面的建设。

其次，全面整治农村闲置废弃空心房及附属设施。余江县并没有强调宅基地是农户私人财产，必须按照某一个标准进行补偿，而更多地强调了退出超占多占宅基地的义务。宅改期间，大多数农户无偿退出超占多占的宅基地，拆除空心房，到2017年7月底，全县共退出24821宗3466亩村庄土地。

再次，整合国家、地方政府和农村自身的资源投入，促进农村旧貌换新颜。政府规定，只要是积极开展宅基地制度改革整治村庄，退出超占多占宅基地的，就会得到政府支持乡村建设的财政资金。在3年多的时间里，余江县向每个自然村平均投入20万~30万元。美丽乡村建设既是目的本身，又是动员农民群众积极参与推动宅基地制度改革的关键策略。

根据余江县的统计，宅改期间，全县新修村内道路478公里，沟渠490公里，新增绿化面积860亩，帮助完善了农村进村道路、供水、供电、通信、文化、休闲、教育、卫生、幸福楼等公共基础设施。取得这么大成果，投入却并不多，余江是财政穷县，农村也大多是集体经济的"空壳村"，本级财政直接用于宅改的资金仅4500万元，主要用于宅改过程中的建筑垃圾清运，剩余资金来源于国家省市下拨。

实施美丽乡村规划和建设的根本前提是通过宅改触动传统土地占有格局和观念，要大规模拆除村庄废弃的空心房及附属房。这在很多地区会引起巨大冲突，为什么余江能够顺利推进？最主要的原因是地方政府充分动员了群众，把行政事务转化为村庄内部的公共事务，多方协同深度推进宅改。最主要的措施是建立了村庄理事会，强化了土地集体所有观念，形成了精细化制度体系，分述如下：

第一，利用村民自治的力量，建立理事会。理事会不仅要推动宅改，还要维护宅改成果，是新型的基层集体土地管理的组织载体。余江农村有宗族房头的结构，政府在推进宅改时注意利用了这一社会文化基础。每个房头出一两个代表构成村庄事务理事会，政府赋予他们充分的自主权，决定本自然村要如何改革，无偿拆除空心房及附属设施也主要是理事会发挥了作用。通过理事会机制，宅改转化为村庄内部事务，理事会成员代表房头提出宅改建议，又代表自然村做本房头农户的工作。县领导说："宅改中95%以上的工作都是理事会成员做的。"理事会发挥巨大作用的原因是，它相对于各个房头是"公"的，成员一般是村庄中公道正派的人，愿意为村庄公益事业做贡献，又长期在家里，有议事能力。理事会的成立实质上是把基层组织体系延伸到自然村（村民小组）一级，形成了政府、行政村、自然村"共建共享共治"的基层治理体系，大大地增强了基层治理能力。

第二，强化宣传和制度建设，通过赋权村庄理事会和强化土地集体所有的观念，在宅基地管理上形成"产权革命"。在20世纪的社会主义革命和改革中，耕地集体所有的观念已经非常牢固，余江农村至今还定期依据人口增减调整土地。但"宅基地是祖业"的观念一直保留了下来，这种传统的"私权"不利于统一村庄规划、建设和管理，已经不合时宜。为打破祖业观念，余江县设计了现代的土地管理制度并用群众能够理解的方式宣传。余江有很多接地气的标语，如"宅基地是集体所有的资产，不是祖业""超占宅基地要退给集体""多占宅基地，多交人民币"。政府还通过规定宅基地使用权人（农户）的义务来增加自然村理事会的权力，如"实施村庄规划需要调整宅基地的，原宅基地使用权人应当服从"。

第三，由县国土部门牵头，结合各个部门、乡镇和村、自然村的意见，形成了精细化的土地管理制度。这是巩固宅改成果、告别粗放管理土地的必然路径，体现了现代国家治理基层社会、处理复杂事务的能力。制度成果一旦结合了基层组织体系及内化的产权观念就会长期起效。宅改试点通过一次彻底的运动，改变原来的土地秩序，这正是党的十八届三中全会提出的完善中国特色社会主义制度，推进国家治理体系和治理能力现代化的生动实践。《余江县农村村民建房管理办法》体现了这一点，该办法规定了宅基地的产权权属、申请宅基地的条件、一户一宅和占用面积标准等，为农民建房确立了基本的制度。政府把宅基地遗留问题交由村庄理事会处理，留下很大的空间，增强了自然村内部治理能力。比如说原则上应当有偿退出的空心房，相关政策提出"具体补偿标准也可以由本集体经济组织根据实际情况与宅基地退出农户协商确定，并将补偿标准及补偿情况在本集体经济组织公示"。

三、余江宅改的启示

从农民群众的获得感、村庄建设成果、土地管理能力、制度建设等层面，余江改革都取得了极大成功。这可以说是余江县在20世纪80年代家庭承包责任制改革之后，最能直接响应群众诉求、发动群众深度参与的改革。总结好余江经验，有利于全国宅基地制度改革和乡村振兴战略的实施。

宅改是国家深入改造农村社会的契机，地方政府要利用自上而下的宅改发动一次村庄土地管理和建设的革新，作为乡村振兴战略的配套制度建设工作。在2005年开展的新农村建设中，国家更注重资源性投入而缺乏配套制度。乡村振兴则要求二者并重，宅基地制度改革无疑是重要的制度配套。

宅改中的制度创新，只有深刻回应农村的真问题，才能够实质性动员农民参与改革，增强在改革中的获得感。目前大多数农村面临农民对美好生活的追求和滞后的土地管理能力的矛盾，宅改要从多方面增强土地管理能力，要警惕"大拆大建"和不切实际的土地财产化所造成的巨额资金耗费。很多试点提出"钱从哪里来"的问题，无疑搞错了方向，宅改需要一定的资金投入乡村规划及建设，但绝不是把农村推倒重建。要推动宅基地改革，必须充分发动广大人民群众自己动手建设美丽乡村，避免"政府动而群众不动"的单向度的农村宅基地改革。发挥村民自治组织的作用、教育群众改变传统产权观念、各方合力形成精细化的制度体系等，都是非常好的做法。

亦城亦乡

民主化村级公共品供给

在城市财政对农村公共服务的支持日益增多的背景下，探索一套分配自上而下的财政资源的制度安排，使资源分配既能满足群众的需要又富有效率，变得十分重要。城乡统筹的一个基本要求是城市与乡村共享基本的公共服务，然而我国广大农村由于自然地理和经济发展的条件不同，对于公共服务的需求偏好也不尽相同，因此需要探索出一套按照差异性偏好分配资源的制度安排。

2012年，我们在四川省成都市调研发现，成都把村级社会管理和公共服务创新作为四大基础工程之一来搞，效果极为显著。这套制度安排的内核可被称为"民主化的公共品供给"，即把自上而下的资源下乡和自下而上的村级民主结合起来，推动资源和需求的相互匹配。

具体做法是给每一个村都发放村公资金，且严格规定用途和使用办法，使用办法必须经过村民议事会多数表决通过、监督委员会签字。

和项目制（现行财政资源的转移支付的主要方式）相比，村公资金的性质发生了变化。项目资金往往是村书记、主任个人跑来的钱，而村公资金是制度化的，给到村一级，专门用于公共服务，满足细小琐碎的公共品需求，资金当年用不完的可以留到下一年继续使用。资金按照人口发放，随着经济社会发展水平提高而逐渐上涨，2012年时，每人每年大约100元的水平，一个中等规模的行政村大约30万元，可以办成很多事情。相比之下，项目资金往往数额巨大，一个项目动辄上百万元。

村公资金实行民主决策，受民主监督。村公资金使用范围集中在四大类十二大项目，专款专用，不允许用于还债等规定之外的事务。资金管理严格，要经过村民议事会评议比选，有议事会的日常监督和监委会的财务监督，最后还要经过乡镇的审查。一般而言，乡镇审查具有规范性，村级决策和监督则属实质性，资金用途往往取决于村级民主决策。民主可分为分配义务的民主和分配权利的民主，对于村级治理的意义不同。分配义务的民主表现在修建公共工程、提供公共服务的资金来源于服务对象，典型的如"一事一议"。但"一事一议"制度缺乏强制性，村级虽然通过民主机制分配义务，但难以从农民那里汲取足够的资源。分配权利的民主则不同，村级建设的资源来源于上级政府，村级能够发挥民主的少数服从多数的作用，少数反对的群众就难以抵制决策的实行。

政府管理资金的方式是现代化的。成都市区两级财政资金提供资金，基层乡镇则是资金管理的一线单位，村一级是报账单位，按照季度申请报销。村级公共服务，包括举办文艺活动、聘请保洁工人、修筑公共工程等费用报销要经过严格的程序，经过村书记、乡镇主管领导签字，才能报到县，获得资金。

从组织的角度看，村公资金的顺利运行依靠新成立的村民议事会这一村民自治组织。村民议事会结构特征如下：议事会成员从各个村民小组产生，议事会成员的职能是评议哪些项目优先使用及使用多少村公资金。拟建设的项目由各个村民小组向村中提出，由村民议事会评选，最后按照投票方式决定优先顺序。村民议事会形成公共的治理机制，有利于整合各方面意见，形成公共决策。相反在项目制中，由于缺乏群众民主决策的过程，经常发生供需错位的现象。

村公资金解决了两个问题。一是偏好问题，村庄通过村民理事会集中意见、民主协商，最后通过正式的投票做出决策。村公资金具有连续性，可以使群众对村级公共服务、公共工程建设形成长远预期。二是监督问题，由于是用来提供公共品的村庄集体资金，群众非常关心资金使用过程和工程建设质量，形成了内在监督机制。相对来说，在项目制推进过程中，乡村两级组织难以发挥作用，村级组织和农民群体不掌握资金分配的权利，不能决策修建何种工程，对工程施工也没有监督权。

此外还要注意理解地方政府制定村级公共服务目录与议事会发挥作用之间的关系。不能因为有地方政府的目录引导就认为这是对议事会作用的否定，而要看到服务目录起到的积极作用。四大类十二大项目是相对有弹性的，目的是规范资金使用范围，引导村公资金的投入方向，包括物质性公共品（主要是农田水利）和大量非物质公共品（主要是文艺、环境卫生和文化设施建造）。政府引导农民议事会决策，也给农民议事会留下极大的空间。在农民短期还不适应现代生产生活方式的阶段，引导农民正确地投入资金，是十分必要的。

成都市向村庄普遍转移支付村公资金，并提供了一套民主化公共品供给制度，对其他地区有很大的启发。税费改革之后，国家经济持续发展，财政向农村投入的比例越来越高，在国家财政能力已经足够支持公共品供给资金的情况下，村级组织力量不足成为关键的制约因素。如何利用乡村振兴战略，在资源下乡背景下加强村级组织建设，使国家资源分配得更有效率、更能够提升村级公共服务质量，需要所有相关人士认真思考。

公共品供给的效率问题

一

税费改革之后，义务工和村级"三提五统"被取消，村级公共品供给主要依赖自上而下的项目资源输入。农村要进行大规模的基础设施建设需要主动向上"争资跑项"，土地综合整治、农业综合开发靠的多是这种项目。

实践中农村公共品供给的状况依然不容乐观，学术界认识到项目制供给公共品的模式有严重弊端。第一是不平衡性，越是偏远落后的地区，越是难以得到资源输入，基层组织越是缺乏关系和能力争资跑项。第二是效率低，大量的资源投入公共品供给却得到相对较少的公共品。其原因在于项目制供给公共品的规范性很强，采取地方政府发包给承包商的形式，形成市场化的公共品供给模式，缺乏基层组织和农民群众的广泛参与。因此，项目制供给公共品有时难以满足农民的需求。为了应对现代经济社会日益增长的公共品需求，许多地区农民自主组织起来提供公共品，资源投入少而效率很高。在皖南农村，我们观察到自然村中的积极分子组成"新农村建设理事会"，动员村民出资出力修建道路、为沟渠清淤，地方政府给予一定的补贴。在湖北大冶和江西余江，我们观察到宗族组织转化为新农村建设理事会，把国家建设与自然湾的基础设施建设结合起来，把国家新农村建设的行政意志与宗族意志结合起来，从而对农民个体更具号召力。我在恩施山区农村猫子山村调研，发现到处都有农民自发组织起来。

二

刘奇高，一个退休乡村干部，2011年组织猫子山村村民低成本修建山路11.2公里。这条山路原来非常狭窄，是村里留下的中老年人年复一年地用锄头挖出来的。因为缺乏大规模的组织，修建速度很慢。有一处道路，由于坚硬岩石阻挡只有半米宽，旁边就是深沟，翻车不知道多少次。刘奇高开群众会动员群众参与修路，号召沿途村民集资、出义务工和安排伙食，向村里走出去的大老板要求赞助，向政府部门要求帮助。他还与沿途村民进行协商，处理占土地占山林不赔偿的事宜。

半年多功夫，刘奇高组织的群众队伍以极快的速度和极低的成本修建好公路。据他估算，修路的资金主要用于炸药和挖掘机，一共使用40万元，其中农民集资8万元、政府补贴15万元。同样是修建11公里山路，项目制就要花费约400万元。为什么猫子山修路的成本如此之低？关键就在于将农民组织起来，节约了一切可以节约的成本。

农民自发形成的组织内部是高度熟人化的。刘奇高组织的修路委员会，由他本人任组长，"每到一个地方，以村民小组为单位喊老百姓开会，有一户不同意就不修路"，委员会工作得到当地群众、村级组织和乡镇政府的大力支持。做工作的不仅有修路委员会，而且有当地群众，许多外出务工的农民还会专门回来做工作。从猫子山到楠木桥有4公里路是太阳乡所辖，太阳乡的书记和主任帮忙协调了电工等各项事宜。

刘奇高已经退休，那两年在家照顾老父亲，恰好在一次吃酒席时得知猫子山村和楠木桥村农民出行极为艰难，想出面组织修路。这件事别人做不了，因为需要组织能力，需要"恩威并用"。刘奇高有主持公道的能力，他经济条件上等，开过酒厂、做过生漆买卖，又可以调用政府等各方关系资源，并有着极高的威望。在恩施山区，刘奇高这样的人无疑是稀少的。当地缺乏宗族性的内生社会组织，人与人的关联是原子化的，农民很少需要在生产生活中进行大规模的合作。乡村需要能人，他得有超过一般农民的威望，让其他农民敬佩和畏惧。

如果采取国家项目的方式绕过基层组织，就需要设置各种经济组织来推进这一事务。这些组织与农民、与地方政府之间是纯粹的市场交易关系，要付出巨大的交易成本。基于谋利的性质，这些组织及其成员秉持利润最大化的目标，而不是尽可能提高供给公共品的数量和质量。结果一定是巨大的项目资金投入和低下的公共品供给效率。

据刘奇高说，沿途农民300多户，几乎没有不参与支持的。农民自愿捐资，最低100元，一般捐几百元。捐资最高的是一个很早外出务工经商已经迁出村里的农民，目前资产上百万元，他在刘奇高动员下捐了两万元。不愿意出钱的农民极少，比如家里非常穷的、不准备在这里居住的、山林和土地被修路占得多的等。一个老人虽然生活非常困难，也捐资100元用于修路，让刘奇高十分感动。

农民出力更为重要，他们通常每天从早到晚施工，一直持续到腊月二十六日夜晚，整个工程中一直在出义务工。据刘奇高估计，出义务工总数达到5000人，最多时一天有300人在出义务工。税费改革之后义务工在一些农村很少继续存在，农民一出工就要求付工资。出资出力的另外一种方式是沿途各农户安排伙食，每日4台挖机上工，有8个师傅，另外加上三四个组织者，他们一天三餐的伙食均到农户家免费安排。资源匮乏条件下，农民能够修建这么大的一项工程，不把群众的积极主动性动员起来是不可能的。修路时，当地出现了热火朝天的劳动场面，农民出义务工时感觉到是为自己劳动，在为工程队伍安排伙食时觉得无比光荣。

在项目制供给公共品过程中，农民不出资出力，项目工程人员、组织者和农民无关，工程成本急剧上升。表面上农民节约了资金和人力，却由于农民群众的主动性和积极性未调动起来，国家投入的大量项目资金使用效率低下，农民实质上吃了亏。反之，如果国家能够把农民组织起来，调动农民群众的积极主动性，那么使用同样多的资金就可以供给更多的公共品、满足更多地区的农民公共品需求。就不会窘困到要从贫困山区农民那里一家一户筹集数十万元用于修路。

在修建道路过程中，必然会损害农民承包土地和山林的利益，若是国家来修路必须要作出赔偿，而若按照国家标准，刘

　　　　　　　　　　　　　　　　　亦城亦乡

奇高及修路组织是赔不起的。最多有一户农民被占用2亩多山林，更普遍的情形是被占了几分地。在反复做工作的努力下，最后农户均放弃了要求赔偿。为什么农户不要求赔偿？因为农民组织进入千家万户动员，让群众明白"修建道路是为沿途的农户服务"的道理。有的家庭中老人不理解，子女回来做老人的工作。猫子山和楠木桥的农户太渴望这条道路，几十年农户自发修路却只能修建一条仅能走摩托车的道路。不是农民没有积极性，而是缺乏一个能人出来振臂一呼，现在有这个能人出来，农民哪有不支持修路的道理？农民不仅出资出力、积极安排伙食，还甘于牺牲自己的利益。群众大会频频召开，即使有"钉子户"，也在舆论压力下被迫低头。

恩施山区农村是原子化的，生产队内部的邻里关系是生产生活中最重要的关系，是基本的人情圈，是农民合伙互助合作的基础，农民不敢冒犯集体情感和舆论。例如，原来山区建房主要以石材和木材为主，需要数十个劳力帮忙，红白喜事也需要几十个人帮忙，对于一直只想搭便车而不出资出力的人，大家在这些情况下就联合起来不帮助他。

三

恩施山区扶贫最重要的内容是公共品的供给。公共品供给的高成本是制约山区农民收入的因素，应当建立一套农民组织化机制降低这一成本。恩施山区农村公共品供给诚然有资源数量不足的问题，而更重要的是制度问题。目前主导的项目制忽视基层组织，绕过基层组织直接由地方政府"块块"与承包商打交道，从而把公共品供给市场化，降低资源利用效率。在公共品供给过程中，把群众组织起来进行有效动员是解决公共品供给低效率问题的关键。猫子山村修路有一个退休干部刘奇高，如何通过党委政府的机制创新培育更多刘奇高这样的积极分子是山区扶贫的重要任务。目前可以做的是改进项目制的实施方式，充分发挥基层组织的积极性，动员广大群众参与进来，表达他们的公共品供给偏好。

后备干部助力组织振兴

在人口流动和城镇化的背景下，为实现组织振兴，各地党委政府都在探索创新村级组织制度，吸纳和培育农村青年干部。安徽省芜湖市繁昌区后备干部制度的成功探索，为中西部农村的组织振兴提供了诸多启示。

一

乡村振兴包含了政治、经济、社会、文化和生态诸方面。各界均认识到组织振兴是乡村振兴的前提。组织兴，则乡村兴；组织强，则乡村强。其中农村基层党组织的振兴是核心，它与基层群众距离最近、联系最广、接触最多，是党在农村全部工作和战斗力的基础。

然而在城镇化背景下，中西部地区很多农村基层组织建设面临着后继乏人的困境：村干部普遍老龄化，村治队伍不稳定，村级组织软弱涣散。一个重要的原因是青壮年劳动力外流，村干部职位失去了原来的吸引力。芜湖市繁昌区从2016年开始探索建立正式的后备干部制度，把村干部选拔和培养工作作为日常组织工作的一部分，取得了不错的成效。

繁昌区位于安徽省东部，属于长三角城市群的一部分，乘高铁仅需40分钟就能到南京，开车也不过两个小时，务工经济相当发达，务工主要方向是长三角。繁昌区和中西部农村面临着类似的组织建设问题，倒逼地方党委政府创新基层组织制度。相对于大学生村官和第一书记制度，从本地农村青年中选拔和培育后备干部更具有现实性，也是大多数地方政府的政策选择。大学生村官和第一书记都是外在于乡村社会的群体，他们在参与村庄治理时，存在嵌入性不足的问题。由于职业预期不在村庄，外来大学生村官普遍存在社会认同危机，倾向于流出村庄。第一书记是特殊时期（如脱贫攻坚过程中的扶贫第一书记）形成的村治主体，本身是不稳定的，在完成村级组织建设任务后，随后也要退出。

后备干部制度的建立并不意味着废弃村两委选举制度，二者有着紧密的关系。前者是要把村干部培养作为日常组织工作的一部分并将其制度化，把合适的村干部人选甄别出来，并通过后者，使他们成为既被上级党委政府认可，又能得到群众认可的合格村干部。当前农村青壮年普遍外出务工，村庄精英外流严重，村庄竞选不激烈。如果缺乏了党委政府的前期甄别和培养，很难选出合格的村干部。

二

2016年，当时的繁昌县正式启动后备干部制度，试图通过制度化的方式解决村干部后继无人的问题，让有意向、有条件进村的年轻人顺利进入村两委任职。

具体的操作办法是由行政村根据村干部退休、辞职、空缺等情况，上报岗位要求，达到一定人数后，县政府不定期组织考试。最近5年，基本上是一年一次考试，面向全县（区）范围招考，由镇来安排岗位。报名要求是22～35周岁，具有本地户籍或长期在地方居住；原则上须有大专及以上学历，如果是退伍军人，可放宽到高中或同等学力；具备基本的写作、计算机操作、组织协调能力。

招聘程序包括现场报名、资格审查、笔试、面试、体检、考察、公示等步骤。笔试和面试分值各占50%。笔试范围包括政治理论、法律基础、管理知识以及农村工作相关知识，主要考察时事政治、"三农"政策和涉农相关知识。面试由县委组织部、党校和乡镇政府组织，共10名面试官，面试通过率为50%，重点考察语言表达能力、综合分析能力、应变处理问题能力，以实务题为主。一般来说，以就近原则安排岗位，优先考虑拥有本镇户籍者，尽量安排本村人。本村人任干部的优势是其主要社会关系在村庄内部，天然地和群众熟悉，能够利用社会关系开展工作。此外，其还能兼顾家庭，降低生活和通勤成本，这正是很多年轻后备干部所希望的，无形中增加了村干部职位的吸引力。

后备干部制度还保留了一定的灵活性。根据县党委的指导意见，后备干部中的80%以统一招考形式录取，同时保留20%的比例由行政村灵活招聘。主要是在乡镇把关下，面向村庄内部公开招聘、考试，空缺职位数与报名人数达到1：3才可开考。

如果遇到有人辞职而工作紧急的情况，可由村两委推荐，再通过村民代表大会决议同意后就职。

后备干部制度被证明是一种有效的基层组织创新，有效解决了农村"空心化"背景下村干部后继无人的问题。以峨山镇为例，制度推行5年来，峨山镇一共组织了5次招考，报名总人数是143人，共录取17人。后备干部报考人数逐渐增长，竞争非常激烈，超出预期。尽管也有少数后备干部中途流出，但大多数留了下来。比较典型的是峨山镇沈弄村，目前有9个干部，有4人是通过后备干部招考进入村两委的，其中"90后"干部就有3人，东岛村和千军村的情况也类似，村干部的年龄结构有很大的改变。

被录用者从后备干部转为村两委干部的过程非常顺利，形成了基层的"中坚干部"群体。按照制度设计，后备干部有半年试用期，试用期工资约为一般村干部的80%，通过后成为一般干部，再通过村两委换届选举后则成为正式村干部，未通过选举的则被淘汰。实际上这么多年来，只出现了1例未通过选举的后备干部。这表明绝大多数后备干部的工作得到了基层群众的认可。有的后备干部经过几年的锻炼，成长得很快。2021年是换届年，乡镇党委开始从这些年轻的后备干部中物色村主职干部。这表明后备干部日益成为村级组织的中坚力量，成为乡村全面振兴的组织保障。

三

后备干部制度取得了不错的成效，地方党委政府越来越依赖这一基层组织制度创新。然而该项制度的落实需要诸多支撑条件。总体来说，繁昌区的经验可以概括为三个方面。

（一）增加村干部岗位的吸引力

这几年来，繁昌不断提升村干部待遇。首先是工资收入有保障。目前年轻的后备干部一年的工资收入在4万～5万元，略高于本地普工收入。由于在本地工作，生活成本低，家庭还可以就地兼业，这比外出务工有吸引力。此外，地方政府为村干部提供养老金、公积金，尤其是养老金意义重大。这意味着村干部退休后能享受到"干部"身份的退休金（比普通农民的高）。政府还通过财政拨款支持村办食堂，为村干部提供工作餐，人均预算每天20元，大大地提高了村干部的幸福感。种种举措表明村干部的身份越来越趋近职业化的乡镇干部，这对大多数在劳动力市场上竞争能力一般的农村青年有很大的吸引力，也是村干部岗位竞争激烈的原因。

（二）从能力上重视培养后备干部

地方政府和村级组织十分重视锻炼后备干部。后备干部一般是大学毕业，对基层治理尤其是群众工作不熟悉，需要在岗位上边工作边学习。除了由区委组织部专门举办的后备干部培训班，各镇也不定期组织后备干部相互交流学习，基层组织还采用"老带新"的方式，使后备干部快速进入工作状态。一开始是由老干部带着年轻后备干部，分配一些简单的工作给他们，比如收合作医疗费、收养老保险费、发放土地租金等。这种工作需要干部挨家挨户给群众打电话或上门通知，能使其很快熟悉村庄、熟悉群众，建立起感情。具有一定能力之后，村两委开始给后备干部"压担子"，锻炼其处理复杂村务的能力。典型的例子是，沈弄村让年轻的后备干部俞某承担美丽乡村建设和改厕工作，这两个工作均要和群众打交道，在不断地解释政策、处理矛盾纠纷的过程中，年轻后备干部锻炼了能力。俞某还被安排做包片干部，对片区内若干个村民小组的事务负责，这被证明能很快地提升其把握全局、统筹协调的能力。

（三）从政治上重视后备干部的前途

后备干部来源于回流乡村的年轻人，他们即使习得了治村能力，也不一定有长远预期，这根源于长期以来，村干部得不到党委政府重视，缺乏"获得感"。针对这一问题，地方党委政府十分重视年轻的后备干部，把他们当作"宝贝"。通过在村庄锻炼、服务群众，后备干部普遍得到村庄党员、村民代表及普通群众的认可，地方政府支持后备干部入党，进入村党支部。优秀的后备干部，开始成为村庄副职干部，担任副书记或副主任，干起农村工作来得心应手。对后备干部未来的出路，繁昌还出台规定：工作满5年且无重大错误的村干部，有资格考取事业编制，每年有5个名额；如果后备干部成为村主职干部，政府还有专项招考计划。这些措施为年轻村干部提供了动力。

老年人协会的优势

在农业机械化和轻简便技术推广背景下，农民闲暇时间很多，如何把农民组织起来度过有意义的闲暇时间是重要的问题。当下年轻农民外出务工，农村普遍是留守老人，所以农民组织的切入点是把老年人组织起来。

湖北省沙洋县高阳镇新贺村、贺集村和官桥村在2004年均成立了老年人协会。协会的组织模式基本相同，由会长、两个副会长、出纳和会计，以及来自各村民小组的一名成员，共同组成理事会。以官桥村老年人协会为例，王会长2007年9月上任，其他两名副会长是2004年就上任的。在重阳节这一天，官桥村老年人协会把文艺活动搞得有声有色，这与其有力的组织有关。官桥村老年人协会的五名主要成员都当过干部，有经验、有能力，他们又比较团结，互相协调分工，比如文艺演出由王会长全权负责，杨副会长负责编导，杨副会长的老伴也是另外一名副会长则负责组织表演。他们"自编自导自演自乐"，让官桥村老年人协会特别能出作品，从编排到演出，基本不超过一个星期。

老年人协会是公益性组织，它需要组织者无私心，否则不令人信服。官桥村的王会长一心为公，宁可牺牲自己的利益也要把老年人协会办好，他还表示会一直坚持下去。2008年，协会值班人员每人每月才得到80元的报酬，即使这样也毫无怨言。公心是一方面，能力是另一方面，协会要搞得好，还必须有文艺积极分子，会长、副会长能带头做好表率。官桥老年人协会就有这方面的优势，上述三位主要组织者都有才艺，文化水平高，都能亲自上阵，编演节目。这与他们的经历有关：王会长是原来的生产队长，还担任过村副书记；两名副会长，一个是原来镇企管会的退休干部，一个是以前的副生产队长；就连会计，原来也是服务于军队的兽医。新贺村的老年人协会就逊色很多，主要领导年纪太大，两个副会长都70多岁，文化水平低，不能读写，经常没有人组织表演。贺集村的三位会长也有很大不足：第一任领导是以前的老书记，70多岁，用行政办法管理指导跳舞，一年之后就下台了；第二任虽然有国家干部的工作经历，但工作方法不得当，群众不支持，没有人来协会玩，一年也就退了；第三任是原来的村副书记贺某，但是他又无任何"音乐细胞"。正如王会长总结的："做'老协'工作，需要责任心、对本职工作的热爱和基本工作水平，这三方面缺一不可。"

农村老年人协会意义很大，在乡村振兴的背景下，老年人协会的优势是可以把老年人组织起来，为他们提供富有意义的闲暇生活。

老年人协会的活动是丰富的，包括跳舞、看电视、下象棋、打扑克、打麻将等，最具有观赏性的是跳舞。我们有回调研正好在国庆节，当天就有12名老年妇女敲打腰鼓尽情舞动，可以用一个"美"字来形容。农闲时，她们每天上午都来协会，已经把打鼓跳舞当作生活中最重要的部分。逢年过节，群众把协会围得水泄不通，很热闹。歌舞反映的内容也非常丰富，有感谢党的、反映乡村生活的，甚至有感谢中国乡村治理研究中心博士同学们的。

农民反映，老年人过去除了做家务事、干农活，闲暇就是无聊地度过，不少人因而养成了打麻将的习惯。还有的老年人受到宗教传播影响，进入了地下基督教组织。协会组织老年人学习跳舞，激发了很多人的兴趣，有的老年人甚至跳舞跳上了瘾，于是少打麻将了。在一起娱乐的过程中，农村邻里关系也比以前亲密，在说笑间增进了感情。当婆婆、媳妇一起来玩的时候，婆媳关系也好转了。在官桥村，由于居住分散，一些自然村离协会较远，子女就开车送老年人来参加活动。年轻人鼓励老年人到协会玩，因为长期窝在家里容易得病，而到协会来身体就好多了。官桥老年人协会副会长的体会是："老年人风湿腰疼的疾病都可以得到治疗，轻度中风的老年人中都有少数恢复了正常。"

老年人协会作为组织，可以形成道德约束力量，净化社会风气，弥补高度流动社会的道德真空。新贺村老年人协会墙上的标语很有特色，例如一条标语是关于婆媳关系的——"作为老年人应该疼爱儿媳，帮她们做自己能做的事，不要倚老卖老，让儿媳们为难，影响家庭和睦"。还有若干条人生箴言，叫大家恪守道德，"规规矩矩办实事，堂堂正正做好人"。在文艺活动上，好媳妇、好婆婆的典型也被编成词被村庄传唱，起到道德教化作用。老年人协会作为维护老年人基本权益的组织，也会积极上门劝说儿子和媳妇们尊老敬老，对维护社会的整体和谐起到一定效果。

在官桥村老年人协会，我们还发现了传统文化的踪影。2008年，协会购买了彩船和龙灯，每年春节期间进村入户去表演，表演获得的收入除部分提成作为组织和维修费用之外，其余都分给表演者。

总之，老年人协会组织的活动让老年人在其中寻找到了闲暇生活的意义。在缺乏厚重传统文化的荆门农村，老年人的社会地位非常边缘。在高度城镇化的背景下，老年人支持子女融入城市，而自己留在农村。老年人协会的成立让很多老年人在村庄社区的公共空间中找到了合适位置，有了价值感。一位老年人说："老人有了自己的家，有才艺、有爱好的可以去打牌娱乐跳舞下棋，而不爱好活动的也可以去'老协'坐坐，看着别人玩，自己开心愉快也是一种体会。"对于快要步入老年的人来说，老年的到来不再是令人毫无期待的。一位50多岁的中年妇女幸福地说道："20世纪四五十年代的婆婆做媳妇时受婆婆的苦，做婆婆时又受媳妇的苦，而现在'老协'的丰富多彩，让她们踏上了幸福的末班车。"对于她们来说，退出劳动力市场、退出城镇化之后，老年人协会正是让她们老有所用、老有所乐的组织，有重大的社会意义。

第七篇　土地制度改革

苏州"和谐拆迁"的秘密

经我们长期调查发现，苏州及其代表的苏南地区，是工业化和城市化扩张过程中最为有序的地方。在各工业园区快速扩张过程中，苏州经济高速增长，同时被征地拆迁农民获得了比较合理公正的补偿安置，政府和农民之间形成和谐的关系。当媒体日益关注珠三角集体土地入市，农民和开发商直接谈判，突破征地制度中地方政府和农民的传统关系时，不妨看看苏南地区的经验：在快速工业化和城市化过程中，哪些制度优势可以顺利解决频频出现的征地拆迁冲突问题？

一、征地拆迁冲突

近年来，我们一直在全国各地调查土地制度改革，发现各地农民均盼着拆迁，同时几乎各地征地拆迁过程都充满冲突，尤其大城市郊区的农房拆迁，涉及的利益巨大，冲突尤为剧烈。农民上访大多涉及征地拆迁，这成为公众舆论关注的焦点问题。一些地方政府既要扩张城市，又拆不动众多"钉子户"，就雇用市场化的拆迁公司介入。拆迁公司不规范和追逐利润的特征让它在加快拆迁进度的同时，可能采取非标准化的补偿方式和骚扰、强制等灰色暴力手段，损害了拆迁补偿的公正性和基层政府的合法性，加剧了拆迁冲突。

由于冲突频发，征地拆迁被称为"天下第一难事"。无论如何提高补偿标准、改革补偿方式，媒体及学界总是把冲突原因解读为制度损害农民利益，呼吁赋予农民更大的土地权利。已经有一些地方政府干脆放弃直接介入征地拆迁，如广东深圳市在城市更新过程中让渡土地开发权，允许集体经济组织和外来开发商谈判确定土地价格，政府再和集体经济组织及开发商签订三方协议，约定条件，一般是政府无偿获得20%的土地和配套15%的公共基础设施。这确实解决了政府和农民的冲突问题，不过取消征地拆迁是以政府几乎完全让渡土地增值收益为代价的，占有村集体土地的农民（股民）依赖土地出让普遍成为千万富翁。这种制度安排取消了政府征收土地再把土地拿到市场上招拍挂的权力，消灭了本身归入公共财政收入的土地财政，既不符合当前中国国情，也不公平。

二、和谐拆迁在苏州的表现

苏州是苏南地区的核心城市，从20世纪90年代苏州工业园区建设开始，一直在大规模扩张。2006年，苏州市X区计划成立CH产业园。按照规划，7个村的所有土地均需征收，所有农村房屋及集体土地上的工厂均需拆除。2014年，由于大规模征地拆迁及安置工作结束，CH街道办事处在CH产业园基础上成立。

CH产业园经历2006—2016年10年的拆迁，列入拆迁批次的6500户，仅遗留149户。拆迁补偿按户进行，户均拆迁约200平方米，获得一大一小两套安置房共180平方米，补偿款购买了两套安置房后余下不多，装修后一户可能剩下不到10万元。拆迁过程中，干部、农民普遍认为拆迁秩序良好，补偿合理公正。不仅X区，整个苏州地区均是如此，没有观察到政府和农民对立的情况，除个别冲突事件外，没有发生激烈的或群体性冲突事件，也没有群体性上访，这就是很多人期望的"和谐拆迁"。当然征地拆迁在当地政府看来并不容易，相对于社会管理和福利分配等事务，征地拆迁也是艰难的。上级政府既要发展也要稳定，就是要拆迁，又要不出事。农民接受政策需要有一个过程，头三年，农民还不太了解政策，工作比较难做。从2009年开始，工作就比较好做，各村出现了农户排队签拆迁协议的现象，因为农户知道当"钉子户"没有好处，"早签约的不吃亏，后签约的不加价"，反之，早签约有种种奖励，比如早选房。

同是和谐拆迁，深圳通过让渡土地开发权，消除政府和农民之间的直接利益冲突，换取社会和谐，实际上是令作为公共财政的土地财政私人化，换来的是土地利益集团和地方政府形成尖锐的利益对立。苏州则坚持征地制度，把土地开发权牢牢掌握在政府手中，通过再分配的方式合理分配土地增值收益。农民普遍获得合理公正的补偿，政府获得土地开发权，建立了政府和农民之间和谐的关系，工业化和城市化也得以快速扩张，是真实的、实质性的"和谐拆迁"。不过奇怪的是，深圳"和谐拆迁"在全国广为宣传，苏州的却不为人知。深圳尽管把土地开发权让给农民，农民获得了巨额土地增值收益，政府和农民利益上的对立却没有缓和，二者间制度性的对立关系反而被强化了。苏州城市建设坚持严格的土地管理，合理补偿农民，政府和农民形成了良好的关系，政府合法性通过征地拆迁大大提升，其在大规模征地拆迁过程探索形成的征地拆迁制度优势值得借鉴。

三、和谐拆迁源于制度优势

实际上征地拆迁中剧烈的冲突和征地制度关系不大，而是和具体操作中的多种因素有关。苏州当地的干部把和谐拆迁归结为"公平、公正、公开、公示"原则，简称"四公"。不过仅列出原则是没有意义的，很多地方政府也希望做到这四点，但实际上偏离了。苏州能坚持这些原则，有三个原因比较重要：一是扎实的基础工作，包括严格的土地管理及实践形成的地权的集体观念；二是合理的制度建设，包括预征预拆制度、合理补偿安置制度和规范化的制度设计能力；三是基层治理能力，在村干部职业化和村级组织正规化基础上，地方政府能够有效监督基层干部，减少灰色空间。

（一）扎实的基础工作

苏州长期坚持严格规范的土地管理，农村建设标准化，拆迁过程中的差异化补偿需求也很低。从调查来看，苏州应当是全国农村宅基地和建房管理最规范的地区，从中心城市到偏远农村均没有违建，为后来的城市征地拆迁确立了良好基础。苏州地区人多地少，在20世纪70年代集体工业起步及农村住房开始翻建时，就形成了严格的土地管理制度，政府允许集体按照规划创办乡村工业，但不允许个人在集体土地上建厂房，这是苏州和浙江土地管理政策的最大不同。乡镇在70年代就设立了建管所，村成立建房小组，要求农民按照规划建房，不允许超占、超高。建房需要四邻签字认可，还要有村和镇的认可，有的村会收取押金。一旦违建，镇村会调用城管队，组织乡村两级干部进行拆除，押金不再退还。地方政府的说法是："宁愿和一家做冤家，做得了一家工作，就可以不做一百家工作。"

在严格的土地管理基础上，农民形成了强调集体和国家的地权观念。在地方共识规范中，征地拆迁是政府的权力，反抗是没有道理的。苏州农民拥有非常清晰的正统的地权观念，最符合土地管理法的本意。农村土地是集体的，农户只有承包经营权，宅基地是集体的，集体分给个人使用，房屋才是自己的。土地既是集体的，也是国家的，国家在需要建设时就拿去开发，农民并不吃亏。在过去，农民土地被回收后用于集体企业建设，集体优先解决就业问题，补偿给农户口粮，农户是非常乐意的，因为无需种田就没有负担，还可以获得粮食补偿。现在农民土地被征收用于开发区建设，农民获得了相应的城镇社会保障和安置房，农户也非常乐意。

（二）合理的征地拆迁补偿

苏州地区的城市扩张采取典型的"开发区"模式，在规划的数十平方公里内进行统一征地拆迁，拆出来的空地按照规划使用，当地干部称为"预征预拆"模式。地方干部准确地把握了农民心理："开发区不能在上项目时才去征地，这是征不到的"，"政府要用这块土地时，农民漫天要价，政府不要这块土地时，农民主动'卖'给你。他们的土地收了，我们的土地还怎么不收？一部分农民是没有大局观念的"。预征预拆给地方政府预留了调控空间，在和农民的博弈中保持了较强的主动权。比如苏州地区少有强制拆迁，一旦有"钉子户"要高价，不愿意拆迁，地方政府就把他放在一边。由于晚拆的补偿和安置标准、地点没有任何改变，还损失了拆迁补偿的诸多奖励和利息，有许多"钉子户"后悔。在中西部地区，由于项目建设，征地拆迁任务重、时间紧，短时间内就要腾退土地，地方政府迫于政治压力不得不向"钉子户"妥协，后果严重。

苏州地区坚持合理公正的补偿。按照法律规定，政府征地要给足土地补偿费、安置补助费，让农民"生计有保障""生活水平不降低"。苏州地区以"土地换社保""宅基地换房"的方式实践，无论土地征收抑或房屋拆迁，补偿均是保障性的，真正是安置补偿而非市场交易，是以"城镇保障"换取"农村保障"。由于采用社会保障而非货币补偿的方式，征地拆迁补偿就缺乏弹性，社会保障的对象是被征地人口，需求是可以计算的，减少了政府和农民在征地拆迁过程中的博弈。在非农就业的基础上，苏州农民通过征地拆迁获得了城镇社会保障和城镇房屋，增强了融入城镇的能力，普遍感到受惠于城市开发建设。

苏州征地拆迁过程也涉及诸多具体的制度设计细节，体现了政府在制度建设方面的强大能力，有利于征地拆迁的有序进

亦城亦乡

行。比如分户制度就非常严格（这恰恰是各地区征地拆迁过程中最难以约束的），地方政府规定父子不分户，子女未婚随父母，子女已婚则父母随子女。上门女婿和已出嫁的女儿不享受安置，如果户口已外迁却在本村有资产，仅做资产补偿，不再享受宅基地补贴、奖励和安置。面对离婚分户套取安置房的现象，地方政府规定夫妻双方离婚满5年且经过村民代表大会表决确认属于真离婚的，才能确认分户。再比如预拆迁制度，子女达到婚龄或所拥有房屋为破旧的危房的农户，可以申请预拆迁，就是说即使该农户没有纳入拆迁批次，出于特殊的原因也可以申请提前批次拆迁。

（三）强大的基层治理能力

苏州地区的基层组织建立在村干部职业化基础上，有强大的基层治理能力，村干部是纯粹的政府代理人，有利于自上而下的政策贯彻落实。在政策落实过程中，征地拆迁制度的效力建立起来，政府允许的利益空间、博弈手段是清楚的，有利于形成良性的互动秩序。在很多地方，政府迫于维稳压力，采用各种方式额外补偿"钉子户"，农户形成新的博弈预期，普遍认为"闹大"是博弈的手段，"老实人吃亏，'钉子户'是可以得好处的"，造成城市后续的征地拆迁难度更大，农民和政府之间的博弈手段更为激烈，关系更加紧张。

依赖于乡村工业及集体经济的发达，苏州地区在20世纪80年代中后期就组建了职业化的村干部队伍。村干部是专职的，一旦进入村两委就有稳定的预期。他们有较高的收入，2017年时村两委成员年工资一般在10万元以上，村书记有20万元，村干部这份职业很吸引人。职业稳定性也较好，只要不犯错误，就可以一直干下去，选举不会影响任职。村干部职业化让国家具有强大的基层治理能力，村级组织成为乡镇行政的直接延伸，村干部也敢于坚决贯彻政策，因为能得到乡镇的保护：即使在一个村庄中得罪人，政府也会调动安排他到乡镇（街道）其他部门任职，而不是解雇。

在征地拆迁过程中，苏州地区乡村基层干部表现公正。很少听说有干部在此过程中被查处，而在全国各地这都是最容易发生腐败的领域。基层干部也因公正而富有权威，很少有老百姓认为村干部得了额外的好处。一个村书记说："干部不能有尾巴。""是要甘愿吃亏的，该拿的要拿，不该拿的一定不能拿。你有尾巴，让老百姓抓到，你如何去治理群众？""农民担心干部优厚亲友，农民的心理是占便宜不要紧，不能吃亏，干部不坐正，老百姓是要上访告状的。"他举例说："有人的鱼塘被一个干部非法侵占了，政府对其附着物已经补偿过一次，他还要求更多补偿。他到办公室把电话机砸了，村干部叫派出所来处理，后来他赔了电话机，当面赔礼道歉。类似的事情如果不严肃处理，该农户就变成上访户，对其他农户形成示范作用。而派出所在这个过程中发挥了维护政府（干部）权威的重要作用。"

四、苏州和谐拆迁的启示

当下中国仍处于快速城市化和工业化进程中，城市要扩张，就必然要征地拆迁，其间涉及巨大利益调整，矛盾和冲突不可避免。当前征地制度改革的重要目的是缓解征地拆迁过程中政府和农民的紧张关系，实现和谐拆迁。但和谐拆迁不是一厢情愿的，它同配套的制度建设及乡村治理能力有关。从苏州的经验来看，当前征地制度并无根本的问题，制度本身不是冲突的原因。苏州市坚持了征地制度，结合地方实际，借助于严格的土地管理、合理的补偿制度及强大的乡村治理能力，达到了和谐拆迁的目的，而大多数地区缺乏这些基本要素。

　　舆论及学界希望学习深圳的做法，通过土地管理改革缩小征地范围、提高征地补偿、允许集体土地直接入市等方式扩大农民权利，但这只能转移而非解决问题。如上文提及深圳市政府允许集体经济组织和开发商直接谈判获得土地增值收益，导致形成一个强大的土地食利者集团，这是农民集体和地方政府根本利益对立的原因。正如贺雪峰教授所说："中国新民主主义革命和社会主义革命已经从制度上消灭了这个土地食利者集团，我们没有必要重新建立。"

集体建设用地流转的类型

集体建设用地流转需要解决区域内土地管理面临的基本问题，不同区域的问题性质差异很大，制度运作模式也不同，影响了区域土地制度的整体特征，进而影响地方的工业化和城市化。以下依三个维度来考察集体建设用地流转制度：驱动制度变迁的直接因素；制度运作模式特征，即对制度内在结构的分析，涉及流转的主体、约束条件和收益分配；制度的绩效，主要考虑制度对土地利用效率的提升及是否适应地方经济发展方式的转型。

我们可以依据经验资料概括三种集体建设用地流转模式，参见表2。

表2　集体建设用地流转模式及特征表

类型	直接动因	运作模式			制度绩效
		流转主体	流转条件	收益分配	
苏南模式	经济转型，盘活存量集体建设用地。	乡镇和行政村	城市规划区外的存量土地流转，政府主导统一征地及开发。	政府和集体分成，主要归集体。	配合乡镇企业改制，盘活了存量土地，促进分散的农村工业向工业园集中。

续表2　集体建设用地流转模式及特征表

类型	直接动因	运作模式			制度绩效
		流转主体	流转条件	收益分配	
珠三角模式	隐性土地市场，强化土地管理。	村组集体经济组织/农民	城市规划区内外的集体所有建设用地流转，政府退出经营性建设用地征收。	集体获得几乎全部土地收益，用于股份分红。	一定程度上加强了土地管理，然而分散的土地利用难以适应经济发展方式的转型。
芜湖模式	土地供给短缺，扩大城镇建设用地规模。	地方政府	城市规划区外的存量土地置换和流转，土地流转相当于征地制度。	政府和集体分成，主要归政府。	扩大了城镇建设用地的规模，镇级工业园区快速发展。

一、盘活存量集体建设用地的苏南模式

　　苏南模式是一种以集体企业为主体的农村经济社会发展模式。在苏南农村，由于高速工业化，农村土地大量非农使用，以苏州为例，20世纪80年代，乡镇企业以惊人的增长速度，创造了市工业产值"三分天下有其二"的辉煌。集体性质的乡镇企业用地，包括乡办企业和村办企业用地，是农村集体建设用地的主要来源，在90年代中后期成为流转的对象。

　　在90年代，由于市场、产权及外部竞争等因素，乡镇企业一别80年代的辉煌，开始走下坡路，产值增长率和吸纳就业人数均停滞不前。而乡镇企业改制立即遇到了法律和政策方面的问题：如何合法地将原来用于兴办乡镇企业的土地转给私人使用？苏州是最早在政府层面探索规范集体建设用地流转的地区，1996年出台《苏州市农村集体存量建设用地使用权流转管理暂行办法》（以下简称《办法》），提出了以下基本原则：

（一）流转主体是拥有集体建设用地的所有权主体，可分为乡镇集体经济组织和行政村集体经济组织，这是历史形成的。

（二）流转范围被明确界定为"存量集体建设用地"，这是为了解决历史遗留问题。《办法》第一条规定立法是"为了规范农村集体存量建设用地使用权流转行为"；第二条规定"存量建设用地"的含义是"农村集体土地中已依法办理过使用手续的非农业建设用地和农业建设用地"，并明确指出"不含农民建房宅基地"；第五条规定了流转范围被限制在城市规划区外，城区规划区、县级市人民政府所在地的镇以及国家、省级开发区的集体建设用地必须征用为国有土地后，按有关规定实行出让或划拨。

（三）收益分配由政府和农民集体分成，主要体现为增强集体经济能力和乡村治理能力。为了规范集体经济收益，政府制定了各区域土地流转的最低保护价（第十二条）。政府收取最低保护价的30%，由市、县和镇三级分成，市政府收取每平方米1.5元，其余按县三乡七的比例分配。《办法》没有规定集体的土地收益分配，据实地调查，流转收益归村集体的部分主要用于村级管理、公共品建设和公益事业。农民不要求集体经济收入直接分到个人，这是由地权意识决定的。因为乡镇企业的经营状况取决于村干部的能力，和集体土地供给关系不大，农民主要作为劳动力参与农村工业化，获得非农就业的工资收入，不视土地为"财产"。

苏州盘活了农村的存量集体建设用地，乡镇企业改制后，为私营企业使用集体土地提供了政策依据。到2000年左右，苏州20万亩的集体建设用地中已有约一半实现了流转，提高了土地利用效率，满足了农村发展第二、第三产业的用地需求，也为以城市为主导的经济发展方式提供了制度条件。由于集体建设用地流转未和农民个体利益直接挂钩，苏州依赖征地制度不断扩大工业化和城市化的规模，形成了全国最发达地区的城市群和最密集的高新科技园区。

二、合法化集体土地入市的珠三角模式

随着改革开放以来的快速发展，珠三角地区形成了庞大的集体建设用地隐形市场，由于不符合法律规定，无法规范化管理，存在很严重的土地管理问题。珠三角是改革开放的前哨，因大量"三来一补"企业落地，很早就出现自发的集体建设用地流转现象，为村集体和农民带来直接的土地收益，村集体也就有动力扩大流转规模。于是很短时间内，珠三角以土地和劳动力的低成本优势帮助中国成为"世界工厂"，同时大量集体土地被占用，很多城市和工业园区扩张面临无地可用的困境。

1998年《中华人民共和国土地管理法》修订通过，形成了严格的土地管理制度，珠三角的集体土地非农使用亟待规范。政府要求把集体土地的非农使用纳入自上而下的土地管理秩

序，遏制隐性市场的进一步扩大。如2004年，佛山市出台了《佛山市试行农村集体建设用地使用权流转实施办法》，鼓励各区结合自身实际情况制定办法，试行农村集体建设用地入市；2005年，广东省人民政府在全面总结和评估试点经验的前提下，制定出台了《广东省集体建设用地使用权流转管理办法》，以政府规章的形式在全省范围内推行农村集体建设用地入市。

珠三角主要通过土地利用总体规划和土地指标管理来规范集体土地非农使用。与苏南地区不同，该地区的集体建设用地流转制度承认集体具有土地开发权，集体经济组织是土地所有者，也是土地一级开发主体，政府的征地权力仅限于公益性项目。下面以2003年中山市出台的《中山市农村集体建设用地使用权流转管理暂行办法》为例，说明珠三角集体建设用地流转制度的特征。

流转主体是村和组一级集体经济组织（在2003年之前是经济合作社，2003年股份制改革后被称为"股份经济合作社"）。村民小组来自人民公社时期的土地所有权单位——生产队，在农村工业化时期，这一单位延续了下来。随着城市扩张带来的土地价值升高，土地所有权单位合并越来越难。

流转范围是所有集体土地，包括存量和新增两个部分，不排除宅基地，也不区分城市规划区内外，集体可以在城市规划区内申请农用地转用。中山市政府行使征地权的前提是"公益性建设"，退出经营性建设用地的征收，给集体建设用地流转提供了制度空间。和苏南地区相比，珠三角进入了集体土地和国有土地共同构建城市的新阶段。集体只需要履行必要的法定手续，就能以镇村经济和社会建设的需要（包括兴办工业园区等）为理由把集体农用地转为集体建设用地。集体建设用地流转替代了征地制度。

流转收益完全归集体所有，主要分配给农民，政府按规定收取必要的税费（比例很低）。按照规定，土地流转收益的50%用于安排村民的社会保障，30%分配给村民，10%用于发展集体经济，10%用于公益设施和基础设施建设。在珠三角的核心区，随着土地收益不断上涨，在满足社会保障之外，更多的剩余主要作为分红直接给到农民。比较而言，珠三角的集体经济收入分配有较大的自主性，地方政府只有监督义务。

珠三角的集体建设用地流转制度一定程度上规范了土地管理，让使用农村集体土地的二、三产业对未来有了更长远的预期，有利于发展。但其中存在两个问题：

一个问题是难以杜绝土地隐性交易市场，影响了土地制度改革实践的成效。地方政府对土地的管控能力相当有限，在土地价值十分高的城中村和城郊村，集体土地仍然大量非农使用，隐性土地流转市场没有消失。因为农民普遍从土地流转中获利，在有区位优势的地区，土地收益远超个人劳动收入，所以农民集体反对政府限制土地非农使用。如在三项土地制度改革中，国家要求地方政府征收土地增值收益调节金，但在实际过程中，哪怕佛山市南海区试点中地方政府把调节金的比例降低到10%，也因集体主导的隐形土地流转市场规避交易税费而难以征收。

另一个问题是分散的集体建设用地流转难以形成规模供给，经济发展方式转型越来越陷入土地困境。2008年之后，珠三角各个城市普遍引入"三旧"改造试图盘活存量集体建设用地，取得了一定效果，却难以解决城市扩张面临的土地困境。原因一是经济成本过高，在制度框架下，农民参照城市经营性建设用地确定土地价值，征地拆迁成本高昂；二是交易成本过高，大面积的城市开发必然涉及多个不同的集体经济组织，巨额的利益分配让各集体经济组织之间的谈判变得异常艰难，大量"三旧"改造项目陷入困境。

三、类征地开发的芜湖模式

安徽芜湖的集体建设用地流转是另外一种类型，土地法律性质不变，开发过程中政府、集体和农民的关系却和征地开发类似。

芜湖市位于安徽中部，因靠近长三角，较早地承接产业转移。在2000年左右，工业开始快速扩张，产生大量建设用地需求，而此时土地管理法已经开始严格限制农村工业分散用地，于是芜湖试图通过集体建设用地流转，为城镇第二、第三产业提供土地。1999年11月，经原国土资源部批准，芜湖市被确定为试点市，2000年就颁布了《芜湖市农民集体所有建设用地使用权流转管理办法（试行）》，立足于盘活存量建设用地，走活地兴镇的道路。

芜湖市试点内容实际上类似于原国土资源部在2005年正式

推出的土地增减挂钩政策。不同的是后者增加了政府征地规模，芜湖市仍然保留集体土地性质，而实际的使用权已经合法"流转"到地方政府，由政府统一配置。

芜湖的流转模式较为复杂，其集体建设用地流转主体包括乡镇和行政村，主要是乡镇。在工业向城镇工业园区集中的背景下，分散的农村工业发展不再有条件，乡镇政府主导土地非农使用，形成统一规划、流转、开发和出让的特色土地制度。地方政府通过集体建设用地流转掌握了土地的实际权利。具体做法是：村集体组织通过签订流转合同，采用一次性补偿方式从农民手中收回承包地，再统一流转给乡镇政府，约定流转期限是到土地承包期满的2028年（后来不再被允许）。由乡镇政府申请依据土地利用规划将农用地转为建设用地，再实行统一的土地开发和出让。

根据芜湖的规定，集体建设用地包括集镇建设用地和村庄建设用地，不同类土地流转模式不同。主要的集镇建设用地是指"乡镇土地利用总体规划确定的集镇建设用地范围内乡镇企业、乡镇公共设施和公益事业、住宅建设，以及其他设施建设使用的土地"（第三条）。"经批准的集镇建设用地，可以由乡镇人民政府统一开发，采用招标、拍卖等方式提供土地使用权"（第九条第二款），乡镇政府通过土地规划掌握集镇规划范围所有土地的利用权。

集镇建设用地的流转收益分配主要体现为政府收回承包地过程中的土地补偿安置，集体所有建设用地使用权的流转收益则需要按照一定比例在政府和农民集体之间分配。根据调查，

2002年芜湖市修改流转方案后，市、县区、乡镇、行政村的收益分成比例由试点初的1∶2∶5∶2调整为0∶1∶4∶5，村级的分成比例由原先的20％上升到了50％，目的就是将绝大部分收益留给土地所有者，解决农民长远生计问题。

我们不难看出，芜湖集体建设用地流转的模式相当于征地制度，为政府统一利用土地提供了新的制度条件。这是在严格土地管理背景下正式征地制度难以运行，地方政府变通集体建设用地流转制度形成的复杂制度安排。集体性质的城镇建设用地规模迅速扩大，大大促进了镇级工业园区快速发展。因此如苏南一样，芜湖市基层乡镇很早就避免了分散工业化造成的土地利用困境，促进了土地利用总体规划和村镇建设规划的实施。

义乌实践：从旧村改造到宅基地改革

2015年，浙江省义乌市成为全国15个宅基地制度改革试点地区之一。从全国来看，义乌的改革得到了最多的关注，成为样本。其中主要关注点是宅基地"三权分置"改革。关于义乌改革的解读很多，但缺乏深度的田野调查，过多地突出义乌建立宅基地"市场"的一面。其实不然。我在2021年深入改革一线，发现义乌的宅基地改革主要服务于"旧村改造"这一独特的乡村建设经验。其宅基地"三权分置"的独特实践也不能支持很多学者主张的推动宅基地使用权完全物权化、市场化的观点。

一、以"旧村改造"进行乡村建设

义乌是浙江省发达的县级市，也是著名的小商品之城，县域经济总量超过1000亿元，在全国县域经济中排名靠前。义乌地形上多山区丘陵，平地不多，建设用地资源十分紧张。20世纪90年代以来，为顺应工业化、城镇化进程，义乌农村开始了严格的宅基地管理，村庄建设要严格按照规划，当地政府出台了"旧村改造"政策，这是宅基地改革的基本依托。

旧村改造一般是以集体经济组织（一般是一个自然村）为单位，农户集体整体申请，政府整体审批。新村用地规划一般控制在人均100平方米左右，用地总面积一般是老村的两倍以上。集体经济组织通过宅基地"有偿选位"等方式自行筹集资金投入"三通一平"等基础设施建设，快速改变了义乌农村面貌。

调查发现，在义乌凡是完成旧村改造的村庄，其经济社会面貌均有极大的改进，突出表现为：农村集体和农户个体的经济收入快速增加；村庄人居环境大为改善，达到"美丽乡村"标准；社会矛盾减少，解锁了村庄善治。

青口村是义乌市江东街道的一个普通村庄，目前融入城区，主要产业为餐饮和物流。青口村一共683户，1686人，于2004年启动旧村改造，分两个批次分配1800间宅基地，筹集了约1.3亿元。目前村集体经济收入每年1000多万元，户均有3个店面及3层楼房，平均房租收入每年15万元。沙溪村共465人，是一个正在进行改造的村庄，原来主要从事皮带加工、贸易等行业，一直到2017年才启动"旧改"，到2021年6月，村集体分配了近550间宅基地，筹集了约1.3亿元。沙溪村的经济社会发展一直落后，群众都盼望早点被纳入"旧改"计划。该村副主任讲："沙溪村没有'旧改'，村庄环境'脏乱差'，其他村一间店面3万~4万元租金，沙溪村一栋房的租金就这么多。"

20多年来，义乌的旧村改造政策不断改进，基本稳定，成为最主要的惠农政策和乡村建设政策。从影响来看，旧村改造的不断推进，为义乌建成面向全国、全球的小商品市场提供了基础。小商品市场的土地秩序条件是拥有合法、规整、基础设施便利的店面及配套仓库。旧的村庄宅基地狭小，基础设施落后，难以承担不断扩大的需求。

统计数据显示，义乌常住人口接近186万人，是浙江省县域常住人口最多的城市，而市场主体规模约75万个，占全省的十一分之一，全国的千分之五。常住人口和市场主体的比例远超过一般地区，也超过浙江平均水平。政府主导建立的义乌小商品市场不断扩张，目前提供店面约7.5万个。在广袤的乡村，农户提供的店面远远超过了这个数量，而且租金相对便宜。2020年末，义乌市农村户籍人口约33万人，按照一人一间店面计算，农村提供的店面总数就是义乌小商品市场提供店面数的4倍以上。

二、宅基地初始配置的复杂制度

制度变迁是要回应乡村建设实践的。义乌是经济发达地区，又推动大规模旧村改造，提出了宅基地改革的要求，因此首先形成了复杂的宅基地初始分配制度。

最近的指导文件是2016年的《义乌市农村更新改造实施细则（试行）》。按照这一政策文件，义乌农村宅基地分配的基本原则是"按人分配、按户控制"。分配宅基地按人不超过30平方米，按户不超过140平方米。一户只能有一处宅基地，建新必须拆旧。申请旧村改造的村庄，一般是先整体拆旧，农户过渡一段时间，再按照村庄规划统一建设新住房。人均30平方米就是当地基层干部称的宅基地"资格权"面积。宅基地"资格权"大体上来源于集体经济组织的"成员权"。

宅基地初始分配的难点是实践的复杂性。承包到户的耕地可以按照人分配，但宅基地是用于建造房屋、满足基本居住条件的，并不能完全依据成员权分配。义乌的独创性是宅基地虽然仍以户为单位申请审批，但集体在分配过程中的依据是多元的，首要的依据是集体经济组织成员权而非"户"。这是因为和中西部农村不同，义乌的农户经过多次分户，一家三代5人可分为3户：老年夫妻1户、年轻夫妻1户、已成年子女1户。这样，按照"一户一宅"笼统地分配宅基地是不公平的，更为公平的办法是按人口平均分配，并考虑到"户"的合理需求，再增计宅基地面积。

2016年，义乌的政策规定了两种主要的可以增计的情形：年满20周岁未婚；已婚未育或育有一个子女的。为了解决更多情形，村庄的"旧改"实施方案更为细致。如沙溪村2017年"旧改"方案规定：至截止日年满20周岁未立户未婚人员（不包含离异人员）可以增计1人；有女无子户，允许1个年满20周岁女儿增计1人并可招婿，男户口迁入本村可计算人口；有女有子户，子未满20周岁，允许1个年满20周岁增计1人；夫妻双方育有1个子女的且子女未达到立户条件的家庭可增计1人；夫妻双方均是本集体经济组织成员、均达到结婚年龄但未生育，可增计1人。

除了人口和户的分配依据，原房屋及宅基地占有状况也是影响变量。比较常见的政策规定是：拥有合法产权房屋的非本村集体经济组织成员，也有宅基地分配权。通过考学、参军、提干走出村庄的农民子弟，他们通过继承获得房屋产权，也有权参与旧村改造分配宅基地，但这种权利受到一定限制。沙溪村就规定，非集体经济组织成员以原合法住宅占地面积为基数，安置新宅基地面积最高不能超过120平方米，差额面积可以货币调剂。

和义乌相比，中西部农村的宅基地价值低，主要用于居住保障，宅基地市场不活跃，也没有整体性的旧村改造的必要。因此，地方政府没有动力去设计那么复杂的宅基地初始分配的制度。

三、宅基地"三权分置"的问题

义乌宅基地"三权分置"备受关注，影响到了国家新一轮宅基地制度改革试点。在试点期间，2016年的《义乌市农村宅基地使用权转让细则（试行）》首次提出了宅基地"三权分置"概念，其目的是要处置特殊的宅基地历史遗留问题，本来和旧村改造无关，也并不是给旧村改造建立新的制度基础。

该细则第七条提出："跨集体经济组织转让实行宅基地所有权、资格权和使用权相分离，转让后使用年限最高为70年，使用期届满后受让人可优先续期，并实现有偿使用。"以此为依据，学界认为义乌创新性地分置了宅基地"资格权"和"使用权"，突破了现行两权分置的宅基地制度。在这个政策规范下，义乌农村的跨集体经济组织转让宅基地使用权才有合法性。于是学界得出结论：应当推广宅基地"三权分置"，通过保留宅基地"资格权"，推动立法把现行宅基地使用权改造为完全的物权，促进宅基地市场发育。

这个推理是严重不合逻辑的。在义乌跨村转让中，如果农户转让了宅基地使用权，那么保留所谓的"资格权"毫无意义，因为农户已经失去宅基地，也失去了再申请宅基地的权利。另外，相关学者没有注意到，在其他宅基地改革试点，如福建晋江，地方政府也允许一定条件下农户跨集体转让宅基地，却没有利用"三权分置"论证其合法性。法学家韩松对"资格权"概念的反思非常有力。他认为，现在提出"三权分置"，试图离开宅基地的具体使用权，分离出独立的资格权，而资格权是无法实现对集体成员的居住保障的。[1]

也就是说，义乌相关政策文件中关于宅基地"三权分置"的理论提炼是失败的。义乌的实践经验支撑不起现今流行的宅基地"三权分置"的理论假设。义乌的宅基地"三权分置"要处理的问题不过是缺乏宅基地分配资格的非本村集体经济组织成员如何合法获得宅基地，并不是要充实"资格权"内涵，让其发挥原宅基地使用权功能。宅基地跨集体转让在义乌一直存在（在全国很多地区也是如此），原来都是通过私下协议进行。在农村房屋确权颁证背景下，外来农户获得的宅基地无法得到合法产权，引发了诸多纠纷，政府需要作出回应。

青口村的案例能说明这一情况。青口村旧村改造时，有少

1　韩松：《宅基地立法政策与宅基地使用权制度改革》，《法学研究》2019年第6期。

数农户把分配的宅基地指标转让给外村农户。从法律上看，只要没有办理过户手续，转入宅基地的外村农户获得的只是地方社会承认的宅基地权利。2015年政府开始确权颁证，对于政府来说这是彻底解决宅基地转让历史遗留问题的办法，对于受让宅基地的外村农户来说是合法获得宅基地产权的契机。处理跨村宅基地转让问题时，青口村做了两次确权：第一次是按照旧村改造时分配的宅基地指标，确权给原农户；第二次是按照转入、转出的实际情况办理权证，确权给合法的使用权人。因需要原农户签字，村集体建议转入方酌情再补偿转出方5万~10万元，满足其"找补"心理。

从国家的角度看，义乌出台的允许跨集体转让宅基地使用权的政策意见之所以得到认可，不在于转让后农户保留所谓的宅基地"资格权"，而在于义乌的宅基地制度并没有突破现行宅基地制度的基本原则。表现为以下三个方面：第一，坚持了宅基地使用权人依然是"农户"（可以看作是农户跨村迁移），而不是城市居民，义乌仍然明确禁止市民下乡购置宅基地建房或者农户向市民转让农村房屋；第二，坚持了一户一宅、符合规划、法定面积等宅基地管理的基本原则，宅基地总规模不突破，村庄规划没有被宅基地转让行为破坏；第三，坚持了农户"住有所居"的基本要求，要求转出宅基地的农户家庭人均居住面积不少于15平方米（农村房屋或城市商品房均可）。这样，义乌宅基地改革并不触及改革底线，从而得到了国家支持，同时义乌旧村改造过程中存在的跨村转让宅基地的"隐形市场"问题也得到了解决。

理解宅基地退出问题

宅基地制度改革是土地制度改革的重要构成部分，其中宅基地退出环节出现的一些问题值得我们思考：第一，推动宅基地退出的理由是否充分，如何理解"人减地增"的现象？第二，对退出宅基地给予经济补偿的方式是否有效，钱从哪里来？第三，地方政府期待着哪些方面的宅基地制度改革？

一、理解"人减地增"现象

很多学者认为城市化背景下农村宅基地利用低效，政府应当建立激励制度推动宅基地退出，即进城农户退出农村宅基地或者分配的资格，"人减地增"现象是这一观点的重要依据。如《全国土地利用总体规划纲要（2006—2020年）》指出："1997—2005年，乡村人口减少9633万人，而农村居民点用地却增加了近11.75万公顷（170万亩），农村建设用地利用效率普遍较低。""人减地增"成为问题的预设是：乡村人口减少，农村宅基地也应相应减少。农民进城就业和居住，他们的宅基地就应当退出。这一预设对农民城市化的机制和农村宅基地性质缺乏认识，得出的结论自然具有片面性。

　　　　　　　　　　　　　　　　　　亦城亦乡

农村宅基地是嵌入农民生计模式的。农民进城，主要是务工，并没有融入城市，客观上就形成了农民进城，而宅基地保留的现象。在城市化背景下，当前农民家庭普遍形成"半工半耕"生计模式，年轻劳动力进城务工，年老劳动力在村务农，小孩一般也留村接受教育，由老人照料。可以看出，家庭劳动力再生产的场所还在农村，宅基地及自建的农房还很重要。因此在改革试点地区，农村宅基地退出主要指农民从分散居住到集中居住，相对节约用地面积，宅基地有偿使用和有偿退出都是倒逼农户这样做的手段。农户仍然在农村占用宅基地的事实没有根本上的改变，这是农户生计决定的。农民即使进城就业和居住，失业、养老等问题也可能导致全家无法在城市体面地生活下去，那么就要退回农村。

农村宅基地功能是复合性的，它不仅是居住用地，还是生产用地，不能用城市居住用地的标准来评判宅基地的利用效率。在城市，生产和居住相分离，由于土地稀缺，居住用地面积是高度标准化的。而在广大农村，分散的小农经济仍然是农业生产的基本特征。虽然农村已经形成了一定比例的适度规模经营，但仍然是分散的生产，依赖宅基地存放农具、农业机械及仓储农产品等。从生产角度看，这种利用方式是合理的，适应一定阶段生产力的发展水平，不能认为其低效。当然有些地方缺乏对土地的管理，农户过多占有宅基地，这可以通过严格土地管理来解决。

"人减地增"是一个客观的土地利用现象，背后有诸多复杂的原因，不能仅因农民进城就认为宅基地缺乏退出机制导致了"人减地增"。我们要充分认识农民进城的机制、从事小农生产的机制，这样才能正确认识农民利用宅基地的内在合理性。

二、宅基地有偿退出的实践困境

学界流行用经济思维来看待农村宅基地退出问题，例如认为进城农户之所以不退出"闲置"宅基地，是因为缺乏经济激励，如果政府给予补偿，农户就可以大规模退出宅基地。一些地区政府如成都、重庆，通过土地增减挂钩政策给了农户高额的货币补偿，确实也推动了宅基地大规模退出，这些案例似乎表明宅基地有偿退出制度的可行性。但事实上，这种单纯从经济角度出发的认识是错误的，不计成本地推动宅基地退出并不利于宅基地管理。

宅基地是集体用于保障农户基本居住条件的土地。农户需要时，集体就义务分配；农户不再需要时就应当无偿退给村集体，用于满足其他有需要的农户，或者复垦为耕地。政府或集体对地上建筑物进行适当补偿有一定道理，但如果形成了有偿退出宅基地的制度，那么地方政府就人为地设定了宅基地的"价格"，形成新的地权意识，会扰乱土地集体所有条件下的宅基地分配、利用和退出秩序。

在发达地区农村，宅基地价值很高，农户不愿意退出宅基地，如在珠三角地区，农户普遍占有两块甚至更多宅基地，这和他们的收入息息相关。在中西部农村，由于宅基地缺乏作为建设用地的价值，农户尚未意识到宅基地作为建设用地和耕地在政策属性上的根本差异及意义，他们会自发退出闲置的、一户一宅之外的宅基地。农户把旧宅基地用于种树或种庄稼，以获得一定的经济回报，而不是任由其废弃。自发退出的宅基地，实际利用现状是耕地，而在土地登记分类中可能仍是农村建设用地，只有在地方土地登记部门统一进行土地变更登记后，这块地才最终成为法律意义上的耕地，纳入耕地资源数据库。

自发退出宅基地的效果明显，在过去建房高潮的数年间，大量宅基地转为耕地。这是2015年宅基地改革摸底时，农户住房更新了80%以上而一户多宅的情况只有百分之十几的原因。不过由于地方并不能及时变更土地用途登记，在第三次土地调查未到来之前，宅基地自发退出的效果并没有反映在土地利用现状中，二调所显示的图斑和现实的农村宅基地利用状况仍存在差异。在湖北省宜城市，2000—2015年期间，有超过80%的农户住房已经更新，集中在主要交通线附近。在住房更新后，如果旧房不再由老人居住或不再有农业生产价值，农户一般会将旧房拆除复垦为耕地，增加耕地意味着增加收入。在税费改革之前，有的农户选择抛荒承包地而耕种不缴税的宅基地。在税费改革之后，农产品价格普遍上涨，在经济收入激励下农民有复垦超出的宅基地的积极性。

行政推动的退出是有偿的，一般通过土地增减挂钩政策实施。土地增减挂钩指的是农村建设用地减少和城镇建设用地增加相挂钩，激励地方政府推动宅基地有偿退出，集约节约利用土地。农户的宅基地退出，按照性质可划分为一户一宅范围内的退出和一户多宅的退出。在中西部地区，行政推动的两种类型的宅基地退出均存在。在成都和重庆，退出一户一宅范围内的宅基地可以获得高额的政府补偿，退出0.3亩宅基地可以获得10万元。在湖北省宜城市的农村，已经更新住房的农户如果愿意退出还未自发退出的旧宅基地，也可获得一定补贴，1户约为1万元。和自发退出不同，行政推动退出的宅基地必须经过复垦并重新进行土地登记，及时把建设用地变更为耕地。行政推动可能伴随着纯粹的货币补偿，它有可能转化为农户的现金收入，也有可能转化为政府对农户集中居住的投入。例外的情形是，江西省余江县政府通过村庄理事会动员农民无偿退出空置的宅基地，取得了很好的效果。

一些地区已经推行的宅基地有偿退出政策的实际效果并不如预期。农民越是依赖宅基地及自建房生产生活，农户退出宅基地的成本就越大。成都在2012年时，退出1亩宅基地的成本是30万元。但是中西部大部分地区承担不起这个价格，因此行政推动的有偿退出必然规模很小且不可持续。如宜城市规定腾退1亩宅基地，市向乡镇支付2万元。按照规划，整个宜城可退出的宅基地指标是5万亩，需要10个亿，但市财政承受不了，因此必须向省求援收购节约的土地指标。

在经济发展不充分且人口密度小的西部地区，土地价格较低，宅基地收储后"有价无市"，农民从土地改革中获得的收益也较低。根据宁夏回族自治区平罗县的计划，收储资金先由政府筹措，待土地整治利用产生收益后，分批偿还欠款。但是当地基层干部坦言，目前集体建设用地复垦利用收益渠道较窄，复垦后不是所有土地都能完成交易，收储复垦成本远远高于有偿使用费。[1]

这种做法的长远影响是取消了农民自发退出宅基地的机制。农户自发退出宅基地，虽然并没有经过土地部门的变更登记，却实实在在地退出了宅基地，政府无需补偿。现在制定了有偿退出制度，规定政府（集体）的补偿义务，农户就开始期待通过退出宅基地获得补偿，不愿意自发地退出，即使相关土地管理政策规定了建新必须拆旧的"一户一宅"原则。

三、宅基地管理问题

土地增减挂钩对地方政府而言是一种额外的负担。地方政府对于农村宅基地制度改革的诉求是增强农村土地管理能力，尤其是加强相关的组织建设。此次农村宅基地制度改革中，中央和地方最为重视的是"建制度"。围绕宅基地管理，试点县市建立了10多个制度。但是改革对如何重建税费改革后弱化了的基层土地管理组织不甚重视。基层干部说："制度建立了不少，但是缺乏执行的能力。"基层农村土地管理并不是缺制度，而是缺少能执行制度的基层土地管理组织。

现代国家要深入基层，需要能够制度化执行政策的基层组织，县乡村三级组织就是国家对接一家一户的基层组织体系。

1　张亮：《西部宅基地改革，钱从哪来？》，《瞭望》2018年第17期。

仅靠国土资源部门的"条条"是难以管好农村宅基地的。在乡镇一级的是国土所，税费改革之后，干部大量减少，一个所三五个人管理几十平方公里甚至上百平方公里土地，难以做好土地资源管理，所以必须要依赖当地党委政府及各村级组织。

问题是当地党委政府及各村级组织是否有积极性和能力管好土地资源呢？20世纪八九十年代，基层城建和国土部门互相配合，通过手绘村庄布局简图，指导农房及水电路建设，低成本规划村庄。由于当时基层政府人力、物力、财力确实有限，农村建设规划难以执行。农户还停留在温饱刚刚解决的阶段，收入不高，农户的住房消费还没有上升到追求居住质量和基础设施便利的层次。如今，在城市作为经济发展龙头、国家向农村大规模输入资源的背景下，城建规划本应更容易执行，但执行农村规划的组织本身弱化了。

如税费改革之前，宜城市基层城建所有300多人，改革之后留下50多人。经过"以钱养事"改革，他们原来的干部身份被取消了，城建所改制为村镇服务中心，原来的城建干部成为"三无"（无权力、无收入和无保障）的"社会人员"。改革后，在宜城市的基层城建队伍中，鄢城街道办事处占了一大半，有29个人，其他10个乡镇一共20多人，大多基层城建所只有一两人（比如郑集镇有10万人口，城建所只有两个人），他们报酬很低，治理事务却不断增加。基层城建所要对接市级的五个部门：城管、规划、房管、城建和公积金管理中心。上级不断安排事情下来，包括危房改造、垃圾治理、污水处理、人居环境调查、违建治理等，靠有限的人手根本就忙不过来。

于是结果是，现在国家在城镇和农村的投入不断增加，却缺乏在农村制定和实施规划的能力。如果农村缺乏规划，农村建设就没有方向，会出现大量的一户多宅、超占多占现象。城建所的老干部甚至认为"税费改革后，有的地方农村没有规划，农村建设倒退了20年"。

另一个问题是宅基地管理过程中如何激活村民自治，强化农村土地管理能力建设的"最后一公里"。国家和地方政府均注重村民自治在土地管理中的重要作用，目前地方政府要求村制定村规民约来体现村民自治的作用，但是激活村集体发挥自治作用、增强自治作用的配套体制机制建设几乎没有。

宜城市黄冲村的村民自治实践也许能给我们带来若干启示。在宜城市所有村庄中，黄冲村村集体在土地管理中发挥了很强的作用，村集体自发规划居民点，居民点的宅基地面积、建房样式等实行了全村统一，形成了有效力的村规民约。2015年，黄冲村成为宅基地制度改革试点村庄，村规民约被制度化。其中第七条规定："凡在本地征地建房或作其他用途的，必须经过村委会研究同意，按有关规定执行，农户新建房必须按照全村统一规划。高度、户型、门向、下水道埋没，都按村庄标准实行，开工建设必须交保证金3000元人民币，房屋竣工经村委会验收后，退还保证金。建房面积全村统一一个标准（310平方米），不准超占、超建，严禁未批先建、无证乱建、少批多建。"

究其原因，这不仅是黄冲村有从集体时期遗留下来的传统，而且有一定的经济和制度支撑。黄冲村自第二轮承包以来一直保留了5%的机动地，村和组一共保留了2000亩土地，目前年收入约20万元。黄冲村一直对土地保留了一定的调整权利，通过有力的土地管理保持土地利益结构的弹性。黄冲村带来的启发在于，增强村民自治能力不是单靠一套程序就能实现的。第一，要有配套的土地制度条件。黄冲村农户有很强的土地集体意识，这几乎被每一个村干部提及，在给农户赋予更大土地权利的同时要给村集体一定的作为"土地所有者"的权限。第二，要形成有经济基础的、强有力的基层自治组织，黄冲村一直保留有一定数量的机动地，这是村民自治的经济基础，有利于构建一套整合农村精英的组织网络，形成村庄治理能力。第三，要有上级党委政府及相关决策的支撑，充分尊重村民自治原则，维护村级组织的权威。如果黄冲村按照土地增减挂钩项目区中宅基地退出价格给予农户宅基地退出补偿，那黄冲村以自治的方式低成本地建设新农村的成果就不复存在。